監修者――佐藤次高／木村靖二／岸本美緒

［カバー表写真］
タージ・マハル

［カバー裏写真］
クジャク玉座に座るシャー・ジャハーン
（ゴーヴァルダン画，1635年頃，ビクトリア&アルバート美術館蔵）

［扉写真］
アーグラ城からみたタージ・マハル

世界史リブレット111

ムガル帝国時代のインド社会

Ona Yasuyuki
小名康之

目次

インド世界の形成

本書でいうインド世界とは、今日のアフガニスタンのヒンドゥークシュ山脈、北のヒマラヤ山脈、東のアラカン山脈より南部の、逆三角形をした半島部の一帯をいう。半島部といっても亜大陸というほど広大な地域である。インド亜大陸の北部にはヒンドゥスタンの大平原が広がっている。

この平原には西にインダス川、中部から東部にヤムナー・ガンジス川がある。インダス中流域は五河地方(パンジャーブ「五つの川」)と呼ばれ、また、ヤムナー・ガンジス川は、ヒマラヤ山脈から流れてきたブラフマプトラ川とベンガル地方で合体し、広大な平原をかたちづくっている。

亜大陸の北部と南部とは、ヴィンディヤ山脈によって区切られ、その山脈にそって、ナルマダー川、タプティー川が西に向かって流れている。南部のデカン高原には西岸にそって西ガート山脈、東岸にそって東ガート山脈がある。デカン高原にはゴーダーヴァリ川、クリシュナー川、カーヴェーリ川などの大河があり、下流域に広い三角州の海岸平野をつくっている。こうした自然条件にあわせて、古代以来インド亜大陸各地にさまざまな王国が出現した。ヤムナー・ガンジス川中流域の両河にはさまれた一帯をド・アーブ（二つの川）地方と呼び、ガンジス川下流域とともにインド古代の先進地帯となっていた。

　インド亜大陸は現在でも各地でさまざまな言語▲が使われている。インダス文明の担い手はドラヴィダ系言語を話す人びとと推定されている。古くにインド亜大陸に移り住んできた人びとと考えられている。そのあとで、インド・ヨーロッパ系言語の集団がインド亜大陸に移住してきたのである。このように、インド亜大陸では、地理的状況も、言語、民族も複雑にいりまじっているので、文化的状況も極めて多様であり、このようなインド世界を歴史的に古代から近代まで一環した歴史としてどのようにとらえたらよいか、説明は難しい。

　本書では、中世から近世への流れのなかで、北インドのムガル帝国を歴史的

▼さまざまな言語　数え方によって五〇〇以上あるといわれている。大きく分けると、北インド平原や一部のデカン地方でのインド・ヨーロッパ系、東部のチベット・ビルマ系、デカンから南部にドラヴィダ系、一部であるが、オーストロ・アジア系言語がみられる。こうした言語の広がりと民族の分布とが必ずしもかさなるとはかぎらない。

に述べてみた。インドの歴史を、古代、中世、近代と分けて、古代ヒンドゥー社会、中世イスラーム社会、近代イギリス支配期とする見方が多かった。そして一般的には、中世から近世にかけての歴史を、ヒンドゥー対イスラームとする見方があい変わらず多い。しかし、インド亜大陸の中世の歴史を、ヒンドゥー対イスラームと対決図式だけでみるのはあまりに単純な見方である。インド亜大陸へのイスラームの伝播《でんぱ》、中世のムスリム君主の国家支配を、インド亜大陸のイスラーム化、イスラーム支配とみていいのか、ということは簡単には解答できない問題である。

また、一方で、古代から中世、近世のインド亜大陸の歴史を王朝発展史としてとらえようとする見方も存在する。しかし、少し立ち入って、インド亜大陸の歴史を調べてみるならば、あまりに多数の王朝が興隆し、消滅したことがわかる。どれか一つの王朝が興隆し、つぎの王朝へと繋がっていったという単線の流れでインドの王朝史を語ることはできない。広大な領域のすみずみまでを中央から専制的に一方的に支配をおこなった中央集権的な王朝がつぎからつぎへと継続的に存在したのかどうか、疑問が多い。

①—中世世界からムガル帝国の確立まで

インド中世世界

今日のロシアを除く、ヨーロッパ全土よりも広いインド世界には、それぞれ、独自の言語と文化をもったさまざまな民族が活動し、古代の王国マウリヤ朝▲をはじめとして、数多くの王国が成立した。

グプタ朝▲末期から始まるインド中世の政治状況は大変複雑で、北インドといっても、西からパンジャーブ地域、デリー・アーグラ地域、ガンジス川中流域、さらに下流のビハール・ベンガル地域とそれぞれが違った歴史をたどっていった。ヨーロッパ大陸の中世と同様に王国がめまぐるしく交代し、強力な統一国家は成立しなかった。中世後半は、北インド、西インドの各地でラージプート▲の勢力が大きく伸展して、八世紀から十二世紀にかけて成立した多くのラージプートの王国が相互に対立を繰り返したため、この時代をラージプート時代と呼ぶこともある。

インド中世では、サーマンタと呼ばれる領主層が在地社会を支配しており、

▼マウリヤ朝（前三一七年頃～前一八〇年頃）　ガンジス川中流域、下流域を本拠とし北インドを支配、アショーカ王（在位前二六八～前二三二頃）の時代にもっとも繁栄し、インド各地に石柱碑が建てられた。

▼グプタ朝（三二〇年～六世紀半ば）ガンジス川中流域に建国、チャンドラグプタ二世時代（三七五～四一四年頃）が最盛期。王家の保護のもとでサンスクリット文学が栄え、インド古典文化の黄金期といわれる。

▼ラージプート　ラージャプトラ（王子）の俗語形。五世紀ころ中央アジアから移住してきた部族などが起源といわれており、武人としての誇りが強く、氏族的団結がかたい。

デリー・スルターン朝

デリーに都をおく君主スルターンによるムスリム五王朝の総称。奴隷朝、ハルジー朝、トゥグルク朝、サイイド朝、ローディー朝で、アフガン系のローディー朝を除いて、他はトルコ系である。

年表

奴隷王朝（1206〜13C末）
アイバクによって建てられた王朝で，北インドを支配したが，つぎの支配者イルトゥートゥミシュや13C半ばごろ支配したバルバンのとき，強盛となった。

ハルジー朝（1290〜1320）
トルコ系ハルジー貴族による政権で，一時的ながら北インドのムスリムの軍団が南インドへ遠征し，領土の拡大をはかった。

トゥグルク朝（1320〜1412）
初代ギャースッディーンから第3代フィーローズまでに北インドの大帝国として発展し，一時的にデカン，南インドまで領土を拡大した。

（南インド）
ヴィジャヤナガル王国（1336〜17C頃）
南インド，トゥンガバドラ川南方にできたヒンドゥー王国。バフマニー王国と対立を繰り返した。15C後半〜16C前半に繁栄した。ポルトガル人との交易をさかんにおこなった。

1398　ティムール軍の侵入

サイイド朝（1414〜51）
ティムール軍のデリー進入によって北インドが混乱したなかで，サイイド朝が成立したが，デリー周辺を支配するにすぎない極めて弱小な王朝で終わった。

ローディー朝（1451〜1526）
トルコ系ではなくアフガン系のサルダール（軍団長）による王朝。アフガン系の貴族の連合体という性格が強かったため，君主権は必ずしも強力ではなく，三代で終わった。

1498　ヴァスコ＝ダ＝ガマ，カリカット到着
1510　ポルトガル，ゴア占領
1519　バーブル，パンジャーブ占領
1526　パーニーパットの戦い

ムガル帝国（1526〜1858）
バーブル（在位 1526〜30）
フマーユーン（在位 1530〜40，55〜56）

スール朝（1539〜55）
シェール・シャーがフマーユーンを倒し建国した。 短期間に終わったが重要な制度改革はムガル帝国に引き継がれた。

1555　フマーユーン，デリー奪回

七五〇年ころ〜九七五年のインド

プラティーハーラ王国（8〜11C）
ラージプートの王朝でマールワーに本拠をおき西インドを支配し，9Cに北インドに進出，カナウジを首都として，一時はベンガルまで軍を進めた。
カナウジ
ムドガギリ
ウッジャイニー
パーラ王国（8C半ば〜12C）
7世紀のハルシャヴァルダナの死去後独立してできた王国。8〜9Cにベンガル地方を統一した。8〜10Cにインド西部の王国やデカンの王国と三つどもえの抗争を続け，この王国のもとで仏教文化が栄えた。
アチャラプーラ
ラーシュトラクータ王国（8〜10C末）
西部デカンに興隆しベンガルへ進軍してパーラ王国を破り，一時デカンの大部分と北インドを支配し経済的に繁栄した。この王国のもとで，エローラのシヴァ神の大岩石寺院が建設された。
マーニャケータ
チョーラ王国
南インド・タミル地方で古代よりチョーラ王朝があったが，9〜13Cにもっとも栄え，東南アジアや西アジアとの海外交易が盛んで，11世紀に中国の宋に使節を送っている。
パラマーラ王国（10C後半〜13C末）
ラージプートの王朝，ラーシュトラクータ王国より独立，マールワーのダールを本拠としたが，周辺諸国から侵攻を受け滅亡。
タンジャーヴール

十一〜十二世紀のインド

チャウハーン王国（10〜12C末）
ラージプート王朝，アジメールを中心とし北インドを支配しデリーを征服，ガーハダヴァーラ王国と対立した。
ガーハダヴァーラ王国（10〜12C）
ラージプートの王朝で11〜12Cにガンジス川中流域を支配してカナウジを首都とし，西部のチャウハーン王国と対立した。
サーカンバリ
カナウジ（カニャクブジャ）
アジメール（アジャメール）
セーナ王国
ヴァーラーナスィ（カーシー）
ナヴァドウィーパ
ヴィクラマプーラ
アナヒラパータカ
ヴィジャヤプーラ
カルヤーニ
マーニャケータ
タラダヴァーディ
チャウルキヤ（ソーランキー）王国（10〜12C）
ラージプート王朝で，西インド・グジャラートを支配し，ソーランキー王朝とも呼ばれた。12C半ばに繁栄しジャイナ教を保護しアーブー山の寺院などが建てられた。
チャールキヤ王国
前期王朝はプラケーシン2世王（609〜642頃）時代に強大となり，唐の僧玄奘が王のもとを訪れている。後期王朝ではジャイナ教が広い支持を受けており，またヒンドゥー教シヴァ神が信仰された。
ガンガイコンダチョーラプラム
チョーラ王国

強大な領主は隣国を攻めて併合し、自己の領土を拡大していた。ラージプートの大きな王国は、郡や村落など在地社会を支配していたこうした領主を味方に引き入れ諸侯に任じ、封建的主従関係を築くことによってはじめて安定的支配を可能にしたのである。

八〜十世紀に、北インドからデカンにかけて三つの王国が成立した。東部インドのパーラ王国、西部インドと北部インドを支配したプラティハーラ王国、デカンを支配したラーシュトラクータ王国の三つである。南インドでは九世紀にチョーラ王国が起こり、強力な海軍力をもったこの王国は海上貿易に乗り出した。チョーラ王国は、ラーシュトラクータ王国のあとに成立したデカンの後期チャールキヤ王国と対立を繰り返しながら、十三世紀初めまで繁栄していた。

北インドのガンジス川中流域では十世紀以降十二世紀ころまでガーハダヴァーラ王国、マールワーではパラマーラ王国、アジメールを中心とした地域ではチャウハーン王国、グジャラートにはチャウルキヤ(ソーランキー)王国が成立した。これらの王国以外にも各地に多くの小王国が生まれた。

十世紀末から十二世紀にかけて中央アジアのガズナ朝、ゴール朝の軍団が西

▼マールワー　ナルマダー川とタプティー川両河流域のデカン北西部地方。ヒンドゥー、イスラーム諸勢力の対立の場となる。中心地マーンドゥーに多くの歴史的建築物が残る。

▼ガズナ朝(十世紀後半〜十二世紀後半)　現在のアフガニスタン東部のガズナを首都とするトルコ系王朝。十世紀末から十一世紀初めにかけてその軍団は北インドに進入した。

▼ゴール朝(十二世紀半ば〜十三世紀初め)　ゴール地方を中心とした王朝。十三世紀初め北インドに進入し、その軍団の武将が北インド支配を開始した。

▼ムィズッディーン・ムハンマド・ゴーリー(在位一二〇二〜〇六)　ゴール朝の君主。十二世紀後半西北・北インド進入を繰り返し、デリー付近の戦いでラージプート軍を破ったが、一二〇六年に暗殺され、その配下の武将はインド各地で独立した。

北・北インドに軍事的侵攻を繰り返したとき、インドの各地では各王国が相互に対立し、地方の領主もたがいに対立を繰り返しており分裂した状態にあった。

　ムイズッディーン・ムハンマド・ゴーリー▲の率いるゴール朝の軍団は、一一九一、九二年の二度にわたるタラーイン▲の戦いで、チャウハーン王国のプリトゥヴィーラージ▲の率いるラージプート軍を破り、短期間に北インドを征服した。その武将の一人であったクトゥブッディーン・アイバク▲は、ムハンマドの死後、一二〇六年デリーを都として王国を建てた。これがデリー・スルターン朝のはじまりである。アイバクの建てた奴隷王朝は、トルコ系軍人の出身地である中央アジアとの繋がりを絶ったため、中央アジアの政治的な大変動に巻き込まれずにすんだ。チンギス・ハーン▲の遠征やその後のモンゴル帝国の発展によって十三世紀における中央アジアは大変動のなかにおかれたからである。

インドへのイスラームの伝播

　北インドのデリー・スルターン朝の君主や支配層はただちに支配下の民衆にたいしてイスラームへの改宗を強制したわけではない。外来のトルコ系の軍人

▼タラーインの戦い　一一九一年、九二年の二次にわたったゴール朝軍とラージプート連合軍との戦い。場所はデリー北西約一〇〇キロの地点。第一次はラージプート軍の勝利、第二次はゴール朝軍が圧勝した。

▼プリトゥヴィーラージ（在位一一七七?～九二）　チャウハーン王国の君主でラージプート勢力の王として有名。一一九二年、第二次タラーインの戦いでゴール軍に敗れた。

▼クトゥブッディーン・アイバク（在位一二〇六～一〇）　ゴール朝のスルターン。ムハンマドの武将の一人。北インドに王朝を建てたが、宮廷奴隷出身であったため、その王朝を奴隷王朝と呼ぶ。

▼チンギス・ハーン（在位一二〇六～二七）　モンゴル部出身、大帝国を建てた。中央アジアのホラズム・シャー朝を攻撃し、西北インドに遠征軍を派遣した。

や支配層の人数はごく少数であり、在地を支配していた地方支配層や領主やその下の民衆はほとんどがヒンドゥーであり、その宗教、社会慣習に直接に介入することをひかえたわけである。

デリー・スルターン朝の君主やその一族の軍事集団は一時的な軍事的勝利をえたあと、在地のヒンドゥー領主層を取り込み、在地社会を温存したまま地方支配に乗り出していったのである。こうした展開からみると、よくいわれるデリー・スルターン朝の成立をもってインドのイスラーム化といういい方は、非常に誤解を招きやすい表現であるといえる。

以後、北インドではこの奴隷王朝を含め五王朝が続いたが、いずれもデリーに都をおくムスリム(イスラーム教徒)の君主(スルターン)による支配であった。この五王朝は強弱の差が大きく、十四世紀初めのハルジー朝や十四世紀前半のトゥグルク朝時代の強力な君主のもとで、ムスリムの軍がデカン、南インドへ遠征し一時的に征服地を広げたこともあったが、逆にサイイド朝のように支配領域がデリー周辺だけという弱小王朝もあった。最後がローディー朝である。

北インドでは、デリーを中心とするスルターンの王国が成立する一方でパンジャーブからベンガルまで、ベンガル、ジャウンプル(一八頁参照)、マールワー、グジャラートなど各地で独立の王国が成立していた。また、カシミールにもムスリムの王国が建った。

インドへのイスラームの伝播《でんぱ》のはじまりは、八世紀初めのウマイヤ軍のシンド地方上陸であるといわれているが、アラブ、ペルシアの商人もまた八世紀ころから西インド海岸に来航しイスラームを伝えたものとみられる。その後、在地の地方支配者のあいだでは、新しく成立したムスリム政権への政治的参加を求めてイスラームへ改宗した場合もあった。在地の指導者の改宗のあと一般民衆のイスラームへの集団改宗が起こったこともありうるであろう。

一方、一般民衆のあいだでは、そうした政治的誘引よりもイスラームの聖者による影響が大きかったとみられる。十二世紀ころから北インドでは中央アジア出身のスーフィー聖者が活動を始めた。彼らスーフィー聖者の地道な社会的活動によって、北インドの民衆のあいだで聖者への尊崇の念が生まれ、その教えに導かれ、イスラームへの集団改宗が起こったことはまちがいないであろう。

北インドで活動したスーフィー聖者はスフラワルディー派▲とチシュティー派▲

▼**スフラワルディー派**　バグダードで生まれた教団で、パンジャーブのムルターン出身の指導者によってインドにもたらされ、奴隷王朝の保護のもとで北インドで発展した。

▼**チシュティー派**　十一世紀ころ、現在のアフガニスタンのチシュトで成立したスーフィー教団。清貧にあまんじ、政治権力におもねないことを理想とした。

である。とくに、デリーで活動したチシュティー派聖者、クトゥブッディーン・バフティヤール・カーキー▲、ニザームッディーン・オーリヤー▲、ナースィルッディーン・マフムード▲は、デリー・スルターン朝初期の三大聖者として有名である。それぞれの聖廟（ダルガー）が当時の首都デリー周辺に建てられ、ムガル時代にいたってもその大祭のときには北インド中から聖廟に信者が集まった。

　初期のチシュティー派スーフィー聖者は奴隷王朝からつぎのハルジー朝、トゥグルク朝時代にデリーで活動した。彼らの活動拠点は、王朝の城砦のなかではなく、その郊外にあった。そうしたところにダルガーがつくられ、聖者の墓および墓建築物、モスク、集会場、貯水池が建設され、一大拠点へと発達した。その近くには、市場、人びとの集落が発展した。イスラームの大祭のときには多くの人びとが集まったので、時の貴族や権力者は、こうした聖者を尊敬し、ダルガー建設の資金を寄進していた。

デカン、南インドの王国

　十四世紀初め、デリーのムスリム王国であるハルジー朝のアラーウッディー

▼クトゥブッディーン・バフティヤール・カーキー（十二〜十三世紀）　中央アジア出身、十三世紀初めデリーで活動。その廟はデリー南部メヘローリー村にある。アイバクによって建設が始まったクトゥブ・ミーナールは、この聖者を記念するもの。

▼ニザームッディーン・オーリヤー（十三〜十四世紀初め）　当時も、後世にももっとも大きな影響をおよぼした聖者で、インド各地に弟子を派遣して教勢拡大に努めた。

▼ナースィルッディーン・マフムード（十三〜十四世紀半ば）　チラーゲ・デリー（デリーの灯明）と呼ばれ人びとから尊敬されたが、トゥグルク朝権力者と対立した。

ン・ハルジー▲は南インドに遠征軍を送り、南インドの王国を滅ぼした。ムスリムの軍団が南インド先端まで達し、一時的ながら領土は拡大した。

ハルジー朝のあとデリーの王国を支配したトゥグルク朝のムハンマド▲は、続いてデカンを支配した。デカン支配のためにムハンマドは、第二の首都としてダウラターバード▲を建設した。ムハンマドの治世後半には各地で独立王国が生まれ、デカンには十四世紀半ばにムスリム王国としてグルバルガを中心地としたバフマニー王国が成立した。

バフマニー王国は十六世紀初めまでデカンを支配した。この王国は北ではマールワーのムスリム王国と、西ではグジャラートのムスリム王国と戦い、南ではヒンドゥーのヴィジャヤナガル王国と戦いを続けた。宮廷ではイラン出身の外国系シーア派の勢力が強く、デカン在来のスンナ派勢力と対立した。

十五世紀前半に首都はビーダルに移され、十五世紀後半、イラン出身の貿易商であったマフムード・ガーワーン▲が王国の宰相の地位につき、王国の最盛期をもたらした。彼の時代、ヴィジャヤナガル王国と戦って西海岸のゴアを確保し、西アジアとの海外交易によって王国を発展させた。

▼アラーウッディーン・ハルジー（在位一二九六〜一三一六）　ハルジー朝第二代の王で、市場管理をおこない、地租徴収機構の改革などを進めたが、あまりに急な改革をおこなったため、この王朝は短期間で滅亡した。

▼ムハンマド・ビン・トゥグルク（在位一三二五〜五一）　トゥグルク朝第二代の王。デカンへの領土拡大にともなって第二の首都を建設し、通貨改革や農業政策などをおこなったが、急激な改革で王国は分裂に向かった。

▼ダウラターバード　中世ヒンドゥーのヤーダヴァ王国の首都でデーオギリといったが、トゥグルク朝時代に新たに新都市ダウレト・アーバード（富の町）が建設された。

▼マフムード・ガーワーン（十五世紀初め〜一四八二）　十五世紀後半、バフマニー王国の実権を握り国内改革を進め、芸術、学問を保護し、首都ビーダルにイラン、イラクから多くの優れた学者を集めた。

しかし、マフムード・ガーワーンの死後、王国は急激に衰退に向かった。王国は五つのムスリム王国に分裂した。デカン東部にはヴィジャヤナガル王国と接してゴールコンダ王国▲、デカン西部にはビージャープル王国▲、デカン北西部にアフマドナガル王国▲、デカン中北部にベラール王国▲が生まれた。もとのバフマニー王国の中心たるビーダルにも王国▲が独立した。

これらのうち、ベラールは早くに滅亡し、他の王国もやがてムガル帝国に併合されていった。五王国のなかでは、ゴールコンダ王国とビージャープル王国が比較的長く続いたが、十七世紀後半にムガル帝国に併合された。デカンのムスリム諸王国では在来のデカン出身の貴族と外国系の貴族との対立が続き、王国の弱体化をまねいた。

十四世紀半ば、南インド、クリシュナー・トゥンガバドラ両河以南の地にはヒンドゥーのヴィジャヤナガル王国が成立した。この王国は四つの王朝が続き、北のバフマニー王国と領土問題をめぐって対立した。十六世紀前半、第三王朝時代、クリシュナ・デーヴァラーヤ▲のときに最盛期をむかえた。

インド西海岸に来航したポルトガル人との交易を進め、アラビアから軍馬を

▼**ゴールコンダ王国**（一四九六～一六八七年）　バフマニー王国に仕えていたイラン系のクリー・クトゥブ・シャーが独立。サファヴィー朝と友好関係をもち、ビージャープル王国と対立、ムガル軍に征服される。

▼**ビージャープル王国**（一四八九～一六八六年）　イラン系のユースフ・アーディル・シャーが十五世紀末に独立。支配層はシーア派。十七世紀後半にはムガル軍の攻撃やマラーターの興隆により衰退、ムガル軍の進入により滅亡。

▼**アフマドナガル王国**（一四九〇～一六三六年）　バフマニー王国の武将の一人が建国、十六世紀末からムガル軍の攻撃で領土が縮小した。十七世紀初めに一時旧領を回復したものの、ムガル軍によって滅亡。

▼**ベラール王国**（一四八五～一五七四年）　バフマニー王国より独立、アフマドナガル王国に併合される。

▼**ビーダル王国**（一四八七～一六一九年）　トルコ系のカースィム・バリードがバフマニー王国の宰相とな

輸入した。王自身はヴィシュヌ神をあつく信奉していたが、他の宗教にたいしても寛容であった。首都ヴィジャヤナガルを訪れたポルトガル人のヌーネス▲は当時の王国の繁栄を記している。

ヴィジャヤナガル王国はムスリム五王国のうちのビージャープル王国と領土をめぐって対立していた。王国はムスリム五王国をたがいに対立させることをめざしたが、反対にムスリム五王国は連合を結成して、一五六五年ラークシャシ・タンガディ(ターリコータ)の戦いで、ヴィジャヤナガル王国軍を破った。

ヴィジャヤナガル王国では十五世紀末以降地方長官(ナーヤカ▲)に領地を与え、その軍事力を求めるという新しい統治制度をつくっていた。これをナーヤカ制といった。十六世紀以降、ナーヤカの力が強くなっていき、十七世紀にはいるとナーヤカはほとんど独立し、王国は急激に衰退した。

ムガル帝国の成立

一五二六年、バーブル▲が率いる中央アジアのトルコ系軍団は、パーニーパット▲の戦いで、北インドのローディー朝軍を破って、首都デリーを占領した。こ

り王国の実権を握り事実上独立した。十七世紀にはビージャープル王国に併合された。

▼**クリシュナ・デーヴァラーヤ**(在位一五〇九〜三〇)　文人として名高く、王国統治にかかわる内容のテルグ語の優れた詩作を残している。

▼**フェルナン・ヌーネス**　ポルトガル人旅行者で一五三五年ころヴィジャヤナガル王国を訪れ首都を見聞し、『ヴィジャヤナガル王国年代記』を残した。

▼**ナーヤカ**　もとは称号や官職名。タンジャーヴール、シェンジ、マドゥライなどにナーヤカ政権が生まれた。

▼**バーブル**(在位一五二六〜三〇)　中央アジア、チャガタイ・トルコ系。北インド征服後、アフガニスタンへ帰還途中で死去。カーブルに彼の墓が残る。

▼**パーニーパット**　デリー北西約一〇〇キロの地点。歴史上、三次にわたる戦いがおこなわれ、いずれも

の時点で、歴史上はムガル帝国（ムガルはモンゴルのなまり）の開始とされている。バーブルはティムールの男系の五世孫である。ティムールはモンゴル帝国を受け継ぐチャガタイ・ハン国最後の王の娘を妃とした。バーブルはモンゴル皇帝の血を受け継いでいるのである。しかし、ムガル帝国の呼称は、バーブル自身ではなく、当時インドを訪れたポルトガル人がはじめて用いたのではないかとみられる。バーブルは即位わずか四年で死去したため、北インドに彼の王国を帝国として十分に確立するまでにいたらなかった。一五三〇年に跡を継いだフマーユーンも、やはり、帝国支配を十分に確立する前に、東方のビハール、ベンガルから興ったシェール・シャー（スール朝）によってインドを追われた。

フマーユーンは西北インド、イランを放浪したあと、イランのサファヴィー朝の皇帝から援助をえて、その軍隊の力により一五五五年夏、スール朝軍を倒しデリーに戻った。しかし、半年足らずの一五五六年初めフマーユーンは急死した。息子アクバルはそのとき弱冠十三歳で、デリーから遠く離れた地にいた。

このとき、デリー、アーグラを事実上支配していたのはヒンドゥーの武将、ヘームーである。少年アクバルを補佐して、パーニーパットの戦い（第二次）で

西方からきた軍団がデリーを守る軍団を破った。

▼**ティムール**（在位一三七〇〜一四〇五）　西チャガタイ・ハン国の混乱に乗じて中央アジアを支配し、首都をサマルカンドにおき、帝国を建てた。西アジアに遠征したが明への遠征途上で死去。

▼**フマーユーン**（在位一五三〇〜四〇、一五五五〜五六）　バーブル死後、跡を継ぐが、シェール・シャーの軍に破れ、イランへ逃亡、約一五年後ペルシア軍の助けを借り北インドへ帰還する。デリーに新しく建てた王宮の図書館の階段を踏みはずして落ちて死んだ。

▼**シェール・シャー**（在位一五三九〜四五）　アフガン系のジャウンプルの小領主出身で、ビハールの事実上の支配者となり、アクバル時代の統治機構の先駆的改革をおこなう。

▼**アクバル**（在位一五五六〜一六〇五）ムガル帝国支配体制を確立した（一六頁写真参照）。

ヘームーを倒しムガル帝国支配を打ち立てたのが、フマーユーン時代からの重臣バイラム・ハーン▲であった。彼は軍事指導者としても、統治者としても優れており、アクバルを支え、初期のムガル帝国の支配体制を整えた。

帝国初期の最大の功労者、バイラム・ハーンは事実上の宰相として政治を指導した。しかし、宮廷内の反対勢力によってその地位を追われ、一五六〇年に失脚した。その一家がすべて追放されたわけではなく、息子のアブドゥル・ラヒームはアクバル時代後期にアクバルのもとに仕え、有力な貴族として復活し、優れた将軍として活躍し、ハーネ・ハーナーン▲の称号を獲得した。

成人したアクバルは、ラージプートのアンベール王国の娘と結婚し、アンベール王と同盟を結んだ。アクバルは、一五六八年、メーワール王国▲のチトール城を攻略したが完全制圧にいたらなかった。翌一五六九年にはブンディー王国のランタンボール城を攻撃した。アクバルはヒンドゥーのラージプート諸王国▲を支配下に組み込み、一五七〇年代終わりまでにメーワール王国を除いてラージプート諸王国はムガル帝国の至上権を認めアクバルと同盟を結んだ。

メーワール王国はムガル軍に奪われた城砦をのちに奪回し、ムガル帝国にた

▼ヘームー（一五〇一？～五六）　ヘームーチャンドラ・ヴィクラマディティヤといい、ヒンドゥー食料商人の息子で、自らも塩商人であったが、スール朝下で武将として活躍した。

▼バイラム・ハーン（？～一五六一）　遠い祖先はトルコマーン部族に属す。少年アクバルが王位につくことを助けた。ムガル時代最初のハーネ・ハーナーンの称号を与えられた。

▼ハーネ・ハーナーン　ハーンのなかのハーン（大ハーン）の意味。もともとハーンは遊牧民の族長の称号。ムガル帝国では最高位の貴族・将軍にこの称号が与えられた。

▼メーワール王国（七世紀？～二十世紀）　ラージャスターン東南部の交通の要衝にあたる地方で、ムガル皇室と婚姻を結ばず、名誉ある孤立を保った。

▼ラージプート諸王国　アンベール、マルワール、メーワールの三王国がとくに歴史上重要で、ムガル皇帝を支えた。アンベール王家が最初にムガル帝国と結びついた。

アクバル像（一六〇五年頃）　統治者として冷酷な側面があった反面、寛容な精神の持ち主であったといわれている。

▼ザミーンダール　ペルシア語でザミーンは土地、ダールはもっている人を指す。大領主から村の小地主まで土地をもつ者はすべてザミーンダールであるが、ここでは大領主を指すこととする。

いして抵抗を続けた。しかし、インドに成立したムスリム王国でラージプート王国との結びつきをこれほどまでに広範囲に強固に確立した王国はムガル帝国以前にはなかった。ラージプート王国との連合によってムガル帝国の軍事力が格段に強化されたのである。

北インドから西インドにかけてムガル帝国成立以前から存在していたラージプート諸王国は、個々には、大きな国家を形成することはなかったが、それぞれ強力な軍事力をもっていた。ラージプート諸王国は長いあいだ相互に対立を繰り返しており、外来軍団の進攻に対して、一つにまとまって抵抗することはなかった。メーワール王国はラージプート諸王国の盟主の意識をもっており、アクバル以前も外来の勢力にたいして抵抗したが、ラージプート諸王国が一つに団結して外来の勢力に対抗するまでにいたらなかったのである。

ムガル帝国の北インド支配確立

ムガル帝国の北インド支配を安定させるうえで大きな障害となったのは、北インド各地で伝統的支配を続けてきた領主層（ザミーンダール▲）であった。彼らにムガル皇帝の至上権を認めさせ、地方の治安維持を確立し、ムガル帝国の財政的基盤を確立しないかぎり、ムガル帝国の安定的支配はありえなかったからである。

アクバル時代中期までに、カーブルからパンジャーブ、デリー、アーグラ、ジャウンプルまでの北インドやラージャスターンは、ムガル帝国のもとに組み込まれた。中部デカンのマールワーや西部のグジャラート▲と東部のベンガル、ビハールは一五七〇年代に平定された。

一五七〇年代半ばになってムガル帝国はやっと、スール朝支配後のベンガル・ビハールにおける独立政権を倒し、平定に成功したが、もともと、この地域は、独立のムスリム政権が支配していたところである。ベンガル、ビハールでは伝統的に強力なザミーンダールが多く存在しており、ムガル皇帝の至上権を容易に認めなかった。

一五七〇年代半ばにムガル帝国は軍馬烙印制(ダーグ制▲)、全土直轄地化、全土検地という政策をおこなおうとした。アクバル時代の中央集権化政策の一環である。一五八〇年代初めに、この政策に反対するベンガル、ビハールの有力

▼グジャラート　この地のヒンドゥー王国が十三世紀末に北からのムスリム勢力によって倒された。その後混乱が続いたが、十四世紀末にアーメダーバードを中心とするムスリム王国が成立し、独自の文化が栄えた。

▼ダーグ制　ムガル帝国の武将が規定通りの騎馬数を保有することができなかった場合、検査日にほかから馬を借りてきて検査を通り抜ける不正が絶えなかった。そのため、馬に烙印を押して不正を防ぐためにとった制度(二五頁参照)。

貴族が在来の領主層を味方に引き入れ、反乱を起こした。

カーブルに根拠をおくアクバルの異母弟、ミールザー・ムハンマド・ハキーム▲を中心とする勢力がこの反乱に乗じて、アクバルに対抗して独立の動きをみせた。東方の反乱と合わせたこうした動きは帝国の支配をゆるがすほどであったが、反乱を抑え、アクバル側が勝利したのである。

その後も、十七世紀初めまで、ベンガル、ビハールの地域の領主層は、必ずしもムガル帝国中央の権威に服従したわけではなかった。この地域は、デリー・アーグラ地域とは違った歴史をもち、独自の言語・文化をもっていた地域であり、地域の文化的中心はゴウル▲やモンギール▲にあった。デリー・アーグラからベンガル、ビハールに向かって一方的に覇権を唱えるムガル帝国にたいする反発も強かったとみられる。

また、ガンジス川中部のジャウンプル▲地域も、中世には、独立のムスリム王国が存在したところであり、やはり領主階層が強く、デリー・アーグラ地域とは違った文化、歴史をもった地域であった。西インドのグジャラート、中部デカンのマールワーなども、別の歴史、文化をもった地域であったが、いずれの

▼ミールザー・ムハンマド・ハキーム(?〜一五八五)　カーブル一帯の事実上の支配者であり、早くからムガル皇帝位を主張していた。一五八一年アクバル軍のカーブル遠征によって鎮圧された。

▼ゴウル　かつてベンガルのヒンドゥー王国(パーラ王国・セーナ王国)の首都。現在のカルカッタ北方約三〇〇キロの地点。十四世紀から十六世紀までのムスリム王国の首都で独自の文化が発展した。ガンジス川本流の変更によってその後廃墟となった。

▼モンギール　ベンガル州境のビハール州のガンジス川南岸に、デリー・サルタナット時代にベンガルへの中継地として重要な拠点とされ城砦が築かれた。

▼ジャウンプル(ジョーンプル)　ガンジス川中流域、十四世紀後半独立した王国の首都で、学芸、文化の中心地として栄え、ヒンドゥー、イスラーム融合の建築物が多く残る。

地域もムガル帝国の領域に併合された。

ムガル帝国は状況がまったく違う地域を支配するにあたって、それぞれの状況に合わせて、さまざまな対応を迫られたはずである。ムガル帝国が、デリーから一元的に、圧倒的多数のヒンドゥーの民衆にたいして皇帝の強力な直接的な支配を貫徹できたわけではなかったことに注意すべきである。

ラージプート諸王国にたいする政策は、それぞれの王とムガル皇帝が個人的な結びつきをおこなうことによって、ムガル皇帝の至上権を認めさせた。つまりラージプートの王にムガル帝国中央の高い地位を与え、また、彼らの領土支配は以前のままにすえおくというものであった。同時に彼らの率いる軍団はムガル軍団にとってもっとも重要な役割をはたした。帝国に組み込まれた各地はもともと別々の独立地域であって、それぞれに政治的・経済的・文化的中心地がある。ムガル帝国は各地域の支配層を帝国上層に取り込むことによって、はじめて効率よく安定した支配を成しとげることに成功したのである。

②―ムガル帝国の支配機構

ムガル帝国の統治機構

ムガル帝国は公式にイスラーム法体系による支配を明言していた。それは君主の勅令の冒頭にイスラームの短い祈禱文が書かれていたことで明らかである。帝国の公式の法体系はアウラングゼーブ(二三頁参照)時代に集大成されたハナフィー派▲にもとづく判例集『ファターワーイェ・アーラムギーリー』▲によっている。通常のムスリム間の刑事・民事の訴訟はカーズィー法廷▲があつかった。しかし実際の法制度は極めて複雑で、当時の人口の九割をこえるヒンドゥー教徒やその他の宗教の人間はイスラーム法に縛られることなく、刑事・民事の一般の事件は、それぞれ固有の法にもとづいて裁判がなされた。

一五八〇年代に独自の中央集権的な官僚機構(マンサブダーリー制▲)が確立された。この官僚機構の基本は軍事官僚制である。皇帝に直属する臣下に位階(マンサブ)を与え、臣下を一〇位から五〇〇〇位まで(のち二〇位から七〇〇〇位まで)の上下に位置づけたのである。マンサブはザート▲とサワール▲で二重に

▼ハナフィー派　スンナ派の四法学派の一つで、八世紀の法学者アブー・ハニーファによってたてられた。ほかの派に比べ寛容で知られている。オスマン帝国やムガル帝国の主要学派。

▼『ファタワーイェ・アーラムギーリー』　アウラングゼーブ時代にハナフィー派法学者によって集大成された大部の判例集。相続など民法上の規定は現在でもパキスタンなどで有効とされる。

▼カーズィー法廷　イスラーム法専門の法官(カーズィー)による法廷が主要都市に設置され、ムスリムにかかわる訴訟の裁判をおこない、法行政をも担当した。ムガル帝国ではハナフィー派が有力とされた。

▼マンサブダーリー制　軍務、政務ともにすべての官僚にマンサブ(ランク)を決め、上下に位階づけをおこない、ザート数とサワール数により、給与を決める制度。

▼ザート　個人の位階、マンサブ数がザート数をあらわす。

あらわされていた。マンサブの数は六六段階とされていたが、実際に存在した段階は不明である。

サワール数はザート数をこえない数とされており、ザート数と同数かそれ以下かで等級差があった。マンサブダールのザート・ランクやサワール・ランクに応じて給与が決まっていて、その総額がジャーギール地によって与えられた。しかし、土地そのものを与えるのではなく、給与額に相当する土地からの税収を与えるというものである。

ジャーギールダール(ジャーギール地をもつもの)は給与を受け取るために、数カ所に分散された、しかも数年ごとに変更される領地(ジャーギール地)に直接赴くことはせず、通常は領地の税の徴収を代理人に任せていた。なかには、現金で給与を与えられたマンサブダールもいたが、一般に現金給与の者は下級の者が多くその割合はそれほど高くない。

貴族は高位に位置づけられ一般の高官と区別されている。アクバル時代は五〇〇マンサブ以上、▲シャー・ジャハーン時代は一〇〇〇マンサブ以上が貴族で、マンサブやジャーギール地は原則として本人一代かぎりであるが、貴族は父の

▼**サワール**　保持すべき騎兵・騎馬数の位階。ただしこの数値が実際の騎兵数を意味したわけではない。

▼**シャー・ジャハーン**(在位一六二八〜五八)　ジャハーンギール(二六頁参照)末年、他の王子を支えるヌール・ジャハーンと対立したが、アーサフ・ハーンの支持で、王位についた(二九頁写真参照)。

ムガル帝国の中央組織と地方組織

中央組織	財務長官(ディーワーン diwan)、事実上の宰相(ワズィール wazir) 　国税(地租)徴収ほか、財務関係統轄 人事監察長官(ミール・バフシー mir bakhshi) 　軍人給与や一般行政職人事を統轄 帝室管財長官(ミール・サーマーン mir saman) 　皇室関係財産管理の最高責任者 司法長官(サドルッスドゥール sadr al-sudur) 　イスラームの宗教、司法行政を統轄
地方組織	州(スーバ subah)……州総督(スーバダール subahdar)、州財務官(ディーワーン)、州宗教官(サドル) 県(サルカール sarkar)……県役人 郡(パルガナ parganah)……郡役人

代からのマンサブを受け継ぐことが多く、それをこえることもしばしばであった。ラージプートの王のように世襲の故地をもち、そのほかに別の地にジャーギール地をえている者もいた。

中央政府の官庁は、財政・税務庁、行政・軍務庁、皇室・官立工場庁、司法庁に分かれ、それぞれ、長官はディーワーン、ミール・バフシー、ミール・サーマーン、サドルッスドゥールといい、高位のマンサブダールが就任する。地方も中央にならった組織で、州(スーバ)の長官(スーバダール)や県の軍司令官(ファウジダール)などが中央から派遣された。

マンサブダーリー制はムガル軍団組織から出発し、同時に一般行政職の位階も規定した。一般行政担当の高官もサワール位をもち保持すべき騎兵数が決められており、同じザート数でもサワール数が高いほうが格上とされていたから、一般行政職はサワール数が少ない場合が多く、軍職に比べてやや不利であったようである。

マンサブダールの叙任、昇進やジャーギール地の授与はバフシー(行政・軍務庁)によって、過去の例にあわせ、個人の功績を勘案して決定された。その後、一定の形式の文書に給与地の場所や給与額が詳細に記され、最終的に皇帝の印が捺《お》された勅令(ファルマーン)▲が発給された。このほかにも中央官庁から毎年膨大な数の文書が発給されており、ムガル帝国では文書主義体制が確立していた。

ムガル帝国貴族・官僚・軍隊の構成

中央の機構において、上位マンサブダールが軍制や税制上の重要な役職を受け持った。こうした上位のマンサブダールは、アクバル時代後期からアウラングゼーブ▲時代前期まで、トゥーラーン系、イラン系、インド系に分けられる。トゥーラーン系とは中央アジアのトルコ語系地域出身のものであり、ムガル王家やその家系に連なる一族なども含まれる。イラン系とはペルシア語系地域出身のものである。インド系は在来のヒンドゥーやムスリムで、ラージプートやその他のヒンドゥーや北インド在来のアフガン系ムスリムである。

アクバル時代初期にラージプート王がムガル皇帝と婚姻によって結びついて以来、多くのラージプート王はムガル皇帝の至上権を認め、高位のマンサブを与えられ、帝国の軍事体制を支える重要な地位を与えられた。ラージプート諸

▼ファルマーン　皇帝の命令書、勅令のこと。こうした命令書は、王子名のニーシャーン、省庁の長官の出すパルワンナなどがあり、通常の国政ではファルマーンが最高の権威をもつ。

▼アウラングゼーブ(在位一六五八〜一七〇七)　シャー・ジャハーンの三男であったが、王位継承戦争に勝ち、王位についた。熱心なスンナ信仰をもち、コーランの筆写もおこなった(左は一七〇〇年頃の肖像画)。

王が中央の軍司令官や州の長官などの地位につき中央の軍事力を維持し、また地方支配をおこなううえで大きな役割をはたした。

しかし、ムガル帝国支配がラージプート諸王の力だけからなっていたとするのは過大評価である。軍事指導においては、トゥーラーン系、イラン系武将の力を欠かせなかった。官僚機構ではイラン系高官の行政手腕によるところは非常に大きかったし、税制上はヒンドゥー高官の在地との関わりを無視できなかった。ムガル帝国はそれぞれのマンサブダールの能力を活かし、うまく全体の調和をとって支配を安定させたのである。

アクバルはラージプート王と連合をはかり、さらにジズヤ▲（人頭税）を廃止するなどしてヒンドゥーにたいする宥和政策をとった。逆に、アウラングゼーブはジズヤを復活した。しかし、このことによってただちにヒンドゥーとの全面的な対決が起こったわけではない。ヒンドゥーもムスリムもそれぞれが一枚岩でかたまっていたわけではないからである。

ヒンドゥーとムスリムとの融和、対立という簡単な図式だけではムガル帝国支配を理解できない。アウラングゼーブは本格的にデカン征服に乗り出した。

▼ジズヤ　イスラーム世界の人頭税を意味し、中世に成立した北インドのムスリム国家において、スンナ派の君主のもとで導入されていた。ムガル時代の徴収の実態は不明。

▼**マラーター**　インド西部マハーラーシュトラ地方の、多数言語マラーティー語を話す人びとを総称していう。この地方最大のカースト集団を指すこともある。

さらにラージプート戦争を引き起こした。支配安定のためアウラングゼーブは、デカン出身の多くのマラーター貴族をマンサブダールとしてムガル帝国への取り込みをはかった。しかし、こうした政策にもかかわらず、アウラングゼーブのデカン政策は帝国の基盤を非常に危うくした。

マンサブダールの率いるムガル軍団組織は中央アジアのトルコ系軍団の編成を取り入れていた。その軍団の主力は騎兵部隊で、最小の小隊単位は、通常、騎兵一〇人、騎馬二〇頭とされた。軍団にはそのほかに弓兵や、土木や地雷を担当した工兵などを含んでいた。また、バーブルの率いた火器をもった砲兵隊はインドで非常に大きな威力を発揮した。

各武将が、騎兵を保持しムガル軍団がその軍事力を維持するために、さきにふれたように軍馬烙印制が導入された。これは、各武将の保持すべき騎兵・軍馬を確認する制度である。武将は、定期的に軍編成の司令官のもとに、決められた数の兵士、騎馬を引き連れて出頭し、軍編成の名簿に記載されたとおりに烙印を押された軍馬を引き連れているかどうか厳重な検査を受けた。

ムガル軍団の各武将の引き連れる兵士は、原則として、さまざまな出身から

ジャハーンギール(右)**とサファヴィー朝シャー・アッバース**(一六一八年頃、アブル・ハサン画)

▼**ジャハーンギール**(在位一六〇五〜二七)　アクバル末年、父アクバルに反乱を起こしたが服従を表明し、父の死後王位につく。ラーホール城を建設し、パンジャーブ方面の防衛に力をそそいだ。

▼**マハーバト・ハーン**(?〜一六三四)　シーラーズの名家出身の父の代からムガル帝国内の高官となり、シャー・ジャハーンから貴族の最高位の称号ハーネ・ハーナーンを与えられた。

なる混成部隊とされた。ただし、兵士の出身の社会階層、北インド社会との関わりなど詳しい事情はわかっていない。混成部隊としたのは、出身地ごと、部族ごとの団結を弱め、ムガル軍団全体の結成を高める意図があったとされている。のちのジャハーンギール時代のムスリムのもっとも有力な高官の一人、マハーバト・ハーンの場合、その兵士はヒンドゥーのラージプートであった。しかし、ムガル軍団のなかのラージプート兵士の占める割合は明確ではない。

アクバルの後継者

バーブルからフマーユーンをへてアクバルまでは、帝国の体制がまだ整っていなかった。第三代アクバルから第六代アウラングゼーブまでに支配体制が整ったにもかかわらず、王位継承にかんしては明白な規定がなかったようである。王位をめぐって、ジャハーンギールはアクバルにたいして反乱を起こし、シャー・ジャハーンはジャハーンギールにたいして反乱を起こした。最大の王位継承戦争はシャー・ジャハーン時代末期の四王子間の争いであった。

いずれの場合も、必ず、それぞれの王子を支える貴族集団が王位継承を争っ

貧乏神を射るジャハーンギール（一六二五年頃、アブル・ハサン画）

父アクバルの肖像をもつジャハーンギール（一六一四年頃、アブル・ハサン画）

たということである。すなわち、王位を継ぐ順位が厳格に決まっていたわけではないし、かりに長子単独相続が決まっていたところで、それぞれの貴族層が自己の政治力拡大のためには自らの勢力のおす王子が皇帝位につくように力でことを決しようとしたからである。結局のところ、王位は、実力をもったグループが支える王子が継承している。

アクバル時代末期からジャハーンギール時代にかけて、ムガル軍総帥として、アブドゥル・ラヒームがムガル軍団を率い、デカン遠征をおこないムガル帝国領を拡大した。

ジャハーンギール時代は対ラージプート宥和政策が引き続きおこなわれた。懸案であったメーワール王国の王、ラーナー・プラタープの息子の勢力と講和がなり、全ラージプート勢力をムガル帝国に取り込むことに成功した。この時代にムガル帝国とラージプート諸侯との同盟がいっそう強化されたのである。

アクバル以来、ラージプート王家の娘との婚姻によるムガル皇帝とラージプート王との繋がりは大きい。マーン・スィングや、シャー・ジャハーン時代後半からアウラングゼーブ時代前半にかけて活躍したジャイ・スィングなど、ラージプート、アンベール王家の王は代々、帝国の要職につき、ムガル軍団を指揮した。マールワール王家のジャスワント・スィングもやはりシャー・ジャハーン時代後半からアウラングゼーブ時代前半にムガル軍団を率いる要職につき、ムガル帝国を支える重要な貴族の一人であった。

ジャハーンギール時代は、前半は皇帝が統治をおこなっていたが、後半、その妻、ヌール・ジャハーン▲が国政を握った。ジャハーンギールが病気のため統治を担うことができなくなったからである。ヌール・ジャハーンはもともとアクバル時代後期にイランから移住してきたイティマード・ウッダウラ▲の娘であり、その兄がアーサフ・ハーン▲であった。

アーサフ・ハーンは、ジャハーンギール時代からシャー・ジャハーン時代にかけて、ムガル帝国の宰相の地位についた。アーサフ・ハーンの娘ムムターズ・マハル(一五九二～一六三一)がシャー・ジャハーンの妃である。アーサフ・ハーンの息子、シャーイスタ・ハーン▲はアウラングゼーブ時代前半の宰相として活躍し、長くベンガル統治に力をつくし、皇帝の外戚として権威と勢力をもっていた。

▼ヌール・ジャハーン(一五七七～一六四五)　カンダハールで生まれ、家族とともにインドにやってきた。初めの夫の死後、ジャハーンギールと結婚。

▼イティマード・ウッダウラ(?～一六二二)　ペルシア出身。十六世紀末アクバルに仕え、娘がジャハーンギール妃(ヌール・ジャハーン)、息子アーサフ・ハーンが宰相となり、外戚として勢力をもった。

▼アーサフ・ハーン(?～一六四一)　この一族はヌール・ジャハーンが王妃となってから出世した。アーサフ・ハーンは外国貿易、とくにオランダ東インド会社との取引に積極的にかかわった。

▼シャーイスタ・ハーン(?～一六九四)　二〇年以上、ベンガル州統治にかかわる(一六六四～八八)。アミールル・ウラマー(最高位のアミール＝貴族)の称号を受ける。

●ジャハーンギール(右)、**スーフィー聖者と外国使節** 左側の三人目がイングランド王ジェイムズ一世(一六一八年頃、ビチトル画)。

●**シャー・ジャハーン** 王子、高官たち謁見の場面(一六三〇年頃、ビチトル画)。

●**ムガル帝国**(一六〇五年頃)

●**ヌール・ジャハーン**(ジャハーンギール妃)**像**(後期ムガル絵画、一七四〇年頃)

アクバル時代後半からムガル宮廷とカトリック宣教師との接触が始まった。ジャハーンギール時代にもこれは引き続きおこなわれた。ジャハーンギール時代にはまた、ヨーロッパ東インド会社の使節を宮廷にむかえ入れている。アクバル時代後期から始まった宮廷とヨーロッパ人との交流はムガル宮廷絵画やムガル建築物のデザインに大きい影響をおよぼした。

ジャハーンギールの末年、やはり、王位継承問題が起こり、三男のフッラムが皇帝位についてシャー・ジャハーンとなった。シャー・ジャハーンの末年も王位継承問題が起こり、このときはムガル帝国全土にわたる戦争となり、最後に勝利したのが三男のアウラングゼーブであった。

ムガル帝国の税制と地方支配

ムガル帝国の財政基盤はほとんどが農業生産物にかける地税であり、アクバル時代の中期に、帝国財政安定のために税制改革がおこなわれた。ムガル帝国の中央は、地方の土地を測量し、農業生産物ごとに生産額を調査して、納税責任者を確定し地税を確実に取り立てるための方策をとった。帝国は理念としては個々の農民と土地を直接に国家が把握する政策を始めたわけである。しかし、実際に、帝国全体でそれが実行された地域は一部にすぎなかった。

耕地を耕作状況に合わせて三段階に分け、それぞれ作物ごとに単位面積あたりの、一〇年間の平均収穫量を確定し、その三分の一を税額とした。生産物は作物価格表によって現金に換算し、貨幣でおさめさせた。地方のそれぞれの土地の状況に合わせ、一〇年間(ダ・サーラ)の平均収穫量を確定するために在地の状況を知る必要があった。そのためにアクバル時代中期、一五七五年に、北インド各地にカーローリー▲と呼ばれる税調査役人を派遣し、郡の世襲役人(カーヌンゴー▲)の帳簿を調査し、実態の把握に努めた。

この地税制度はシェール・シャー時代に始まったとされるが、その制度を完成させ(ザブト制▲という)実際に導入するにあたっては、アクバル時代中期のヒンドゥーの宰相、トーダル・マル▲がおおいに貢献した。彼は若いころスール朝のもとで仕えていたといわれている。非常に優れた統治能力をもち、徴税の実務にも精通していた。彼の改革がムガル帝国財政の基礎をつくった。

ムガル帝国の政策は全土にザブト制を導入し、帝国が直接に土地と個々の農

▼カローリー　カローリーとはクロール(一〇〇〇万を意味する単位)からきたもので、一〇〇〇万ダーム＝二五万ルピーの生産額を単位とする地域を管理する役人を意味した。

▼カーヌンゴー　在地の地主が保有する土地の大きさなど土地の状況を記録し、登記簿を保管し、国家による徴税関係の調査の補助にあたる役職のことで、世襲が多かった。

▼ザブト制　ザブト(アラビア語で管理・監督の意味)による制度で、土地の測量によって税の査定をし、徴税する制度。

▼トーダル・マル(一五二三?〜八九)　パンジャーブ地方の書記カースト、カーヤスタ出身、地方の領主であり、サンスクリット学者たちを集めて古典文献を校訂させ、膨大な文献集(『トダラーナンダム』)を編纂させた。

民を把握することをめざして、徴税の中央集権化政策を取り入れた。しかし、この制度が実際に実施された地域はデリー地域から西部、およびグジャラートにかけてであって、帝国の一部にとどまった。この制度以外にも、古くからの方法、すなわち、実際に収穫された作物を現地で分けるやり方(刈り分け法)、検地をして収穫量を決め税をおさめさせるやり方(検見法)、村ごとに決めておさめさせるやり方(村請け制)などがあった。徴収方法は地域ごとに違っており、かなり複雑であった。

ムガル時代の徴税の機構はほとんど前代以来の機構を引き継ぐものであった。伝統的社会は古くからの大小の領主・地主(ザミーンダール)が支配しており、彼らが、世襲的に、地域の代表である郡長、郡書記などの役人や、あるいは村長や村書記などを務め、実際の土地の状況を把握し、税額の査定をおこない、その帳簿を保管し、徴税を管理していた。

帝国領土には、国庫地(ハーリサ地▲)、マンサブダールへの給与地(ジャーギール地)、学者、聖職者への贈与地(イナーム地▲)があった。ジャーギール地がもっとも大きな割合を占めていたが、一方で、かなりの部分はかつての王家や大領

▼**ハーリサ地**　アラビア語で公有地、国有地を意味し、徴税上、政府直接管理の土地を指している。

▼**イナーム地**　アラビア語でイナームは賞与、報酬を意味し、イナーム地とは国家が特別に授与する無税の土地のこと。

主、豪族の土地であり、帝国の直接的な手がおよばず、伝統的支配を認められていた。ムガル帝国のおし進める中央集権化政策にもかかわらず、一方で、古くからの分権的状態は引き続いていたのである。

帝国中央は、実際の生産額にもとづいた税額を確認するように全土に指示を出している。中間の領主層が実際の生産額のかなりの部分を私的に取り込んでいるのではないかとの疑いをもっていたからである。ムガル時代中期以降、領主層の富裕化が進む一方で、国の収入が必ずしも確保されなくなる。また、マンサブダール数の増加に見合った給与がジャーギール地でまかなえないようになってきた。ジャーギール地の慢性的不足が起こっていたわけである。そのため、マンサブダールの名目の給与額は増加してもさまざまな方法で実質的給与の減額がはかられた。ムガル官僚制の根幹たるマンサブダールの窮乏化が進んでいくこととなった。

ムガル帝国をめぐる国際関係

十六世紀後半から十七世紀末までの約一世紀半のムガル帝国をめぐる国際関係

はかなり複雑である。インド亜大陸のデカン高原や南部にはムガル帝国とは別の独立王国が存在していた。ムガル帝国は、デカンの独立諸国にたいしてはほぼ一貫して征服をおし進めていった。アクバル時代中期までにデカン北部のマールワーや、西インドのグジャラートを帝国へ併合したのち、マールワーに接したすぐ南のハーンデシュを服属させた。

やがて、ヴィンディヤ山脈をこえて南に接するベラールを併合した。その後アフマドナガル王国の併合をはかった。シャー・ジャハーン時代になってさらにデカンへの本格的な遠征をおこなった。十七世紀初め、デカンに残る強力な王国はビージャープルとゴールコンダの二王国となった。シャー・ジャハーンは一六三六年に、両王国とムガル帝国とのあいだに協定を結び、両王国にたいして、ムガル皇帝の至上権を認めさせた。

両王国はこのときの協定によって、ムガル皇帝の至上権を認めること、毎年、一定の貢納金を支払うことを約束した。最終的に両王国がムガル帝国へ併合されたのはアウラングゼーブ時代、一六八〇年代後半である。

こうして、ムガル帝国はデカン方面では征服戦争を起こし、中央アジアやイランにたいしても軍事遠征をおこなった。中央アジアでは、アクバル時代とほぼ同時代に、シャイバーニー朝▲のウズベク・ハーン王国▲が強大となり、アクバルはこれにたいして警戒を強めた。十六世紀後半、ほぼ同時期にサファヴィー朝とオスマン帝国とウズベクの王国とが並び立ち、相互に対立を繰り返していた。

　中央アジアにたいしては、ムガル皇帝は特別の意識をもっていた。ティムールの子孫たるムガル王朝は父祖の地に帰るという意識から、故地を取り戻そうというものであった。しかし、シャー・ジャハーン時代、一六四六年におこなわれたバルフ占領は一時的なものにとどまり、ウズベク側の激しい抵抗によって撤退をよぎなくされ、失敗に終わった。

　一方、サファヴィー朝とのあいだでは、バーブル以来、アフガニスタン南部の交通の要衝、カンダハール▲の領有をめぐって対立した。その地は、一六三八年、ペルシア側の総督アリー・マルダーン・ハーン(六〇頁参照)がムガル皇帝のもとに亡命したため、ムガル帝国領となったが、一六四九年にふたたびサファヴィー朝に占領され、その後はムガル帝国の遠征軍はペルシア軍に敗れ、ペ

▼シャイバーニー朝　十六世紀後半、アブドゥッラー二世(在位一五八三～九八)のとき強大となったが、その死後弱体化し、ジャーン朝に移った。

▼ウズベク・ハーン国　スンナ派ウズベク人は十五世紀半ばにカザフ地方に王国を建て、十六世紀にティムール朝を倒し、首都をブハラとして強大になった。

▼カンダハール　バーブル時代に、ムガル領、ジャハーンギール時代にペルシア領、一六三八年に再度ムガル領、その後ペルシア領となった。

ルシア領となった。

オスマン帝国とムガル帝国とは、双方友好的であった。サファヴィー朝と対立していたオスマン側は、オスマンとムガル帝国との連合による、対サファヴィー朝同時攻撃を提案した。現実にはこれはまったく不可能であった。

ムガル帝国は初期の段階で、西インド海域でのポルトガル海上勢力への対抗策を考え、それをオスマン海軍へ期待した。グジャラート王国時代にオスマン海軍の西インド遠征がおこなわれたからである。実際には、この遠征はまったく無意味に終わった。ムガル帝国はオスマン帝国と大使の交換をおこなっていたが、やがて、オスマン海軍派遣への期待もうすれ、相互の関係はたんなる儀礼上だけとなり、ムガル皇族、貴族のメッカへの巡礼をめぐってオスマン帝国へ使節を送るだけになっていった。

アウラングゼーブ時代には、もはや中央アジア遠征をおこなう財政上の余裕はなくなり、シャー・ジャハーンの政策から転換をはかり、軍事遠征はデカンや南インドにかぎられた。

③—ムガル時代の経済発展と首都建設

ムガル時代の産業の発展

　当時の北インドの農村一帯には広大な可耕地があり、小麦、米、豆類などの主食用の穀物や、綿花、藍(インディゴ)、サトウ種油など植物油、ギー(バター油)など多種多様な商品作物が生産された。インディゴはアーグラ近郊のバヤーナ産が有名であり、ベンガル地帯では米や砂糖生産が盛んで近隣の諸国へ輸出するほどであった。

　もともと農村で綿糸、綿織物が生産されていたが、都市で優れた綿製品が生産されるようになり、ベンガルのダッカ、バラソールなどの都市で製品化された最上級の綿織物が市場にでまわるようになった。ベンガル産の生糸、絹織物も優れた品質をもった商品として有名になった。ダッカで生産された繊細な織物は非常に高価で取り引きされた。

　こうした商品は高率な現金支払いであったので、有利な換金作物として農村地帯で奨励された。また、北インドでは、鉄、岩塩、硝石などが商品として取

▼インディゴ　古代以来のインド生産の紺色の染料で、インドではアニルといい、アラビア語でニールともいう。合成染料ができるまでインドの主要な輸出品。

▼バヤーナ　アーグラ南西近郊。この一帯の農村はインディゴの大生産地で、デリー・スルターン時代からバヤーナはその集積地として有名。

▼ダッカ　東ベンガルの中心都市。ムガル時代に発展し高級綿織物ダッカ・モスリンの生産地として有名。

▼バラソール　貴公子(クリシュナ)を意味する言葉から生まれた地名。カルカッタ南方約二〇〇キロ、ベンガル湾岸の港で、十七世紀にイギリス人はここに商館をおいた。

▼硝石　黒色火薬の原料となる。当時のインドはその世界的な産地。

▼**ボーホラー**　西インドで活動したムスリムの商人グループで、ヒンドゥーからの改宗者の子孫(シーア派)やスンナ派の者がいた。

▼**バンジャーラー**　ヒンドゥーの商人。遠距離の商品の輸送を主とする商人グループで、穀物買付けもおこなうようになった。

り引きされた。南インドではダイヤモンドが採掘され、コショウなど香辛料が生産され、北インドの商人との取り引きがおこなわれた。

地税は金納制であったから、農村地帯からの生産物は現金化され、農村での生産物の現金化に商人が介在した。金納制によってムガル時代にますます貨幣経済が進展し、ムガル時代に来航したヨーロッパ人はインドに南米産の銀を大量にもたらした。都市での貨幣の流通が活発となり、一般に中級、下級の官僚や兵士は貨幣によって給与が支払われた。

北インドの地域経済と、他の地域との遠距離間の交易を担う商人が成長した。長距離の交易を担う商人として、セート、ボーホラー▲と呼ばれる商人、地方の小売業を専門とする商人などが生まれた。また、商品の運搬を専門とするバンジャーラー▲と呼ばれる運送業者がいた。遠距離間の交易としては、コロマンデル海岸で生産された綿製品が西のムガル帝国領のグジャラートに送られた。

この時代には海岸の貿易都市だけでなく、内陸各地にも商業都市、政治都市、宗教都市など大都市が成長しており、都市人口の占める割合がムガル帝国全体でかなり高くなった。都市は大消費地であるから、農村がムガル時代に北インド各地で急激に増大する都市人口を支えるだけの食料生産力をもっていたということである。

こうして、生産地の都市とともに、内陸の政治都市は発展し、北インドのアーグラ、デリー、ラーホールなど政治都市でも都市手工業が発展した。都市に住む当時の商人層は単一のカーストからなるのではなく、ヒンドゥーやムスリム、ジャイナ教徒▲など、さまざまな集団からなっていた。外来の集団としてアルメニア商人、ユダヤ商人、中央アジア出身の商人なども活躍した。

各地の商人は都市の経済を握るだけではなく、ときには都市の政治にも関与し、商人団体の指導者はナガル・セートと呼ばれ、地方政治のうえでムガル地方官僚に請願をおこない、商人側の意見を代表して政治に反映させた。

ポルトガル人は西インドのゴアを拠点として、ほかにディーウ、ダマンなどに拠点をおいた。ムガル帝国領土内の最大の海港は帝国の直接の管理下におかれた西インドのスーラト▲である。イギリス、オランダなどの東インド会社はスーラトに商館の開設をムガル帝国から許可され、インド商人と交易した。ムガル帝国支配下になかったが、十七世紀前半、東部インドの海岸地方では、イギ

▼ジャイナ教徒　開祖はマハーヴィーラ。不殺生を強調して、信徒の多くは商業にたずさわっており、一般のヒンドゥー、ムスリムに比べて信徒数は少ないが、中世西インドで大きな経済的役割を担った。

▼スーラト　西インドの港湾都市。アクバル時代にムガル帝国支配下にはいり、ヨーロッパ東インド会社の商館がおかれた。十七世紀後半マラーター軍の攻撃を受けた。

リス人はマドラスを、オランダ人はマスリパタムを建設した。

インド各地の大商人

グジャラート地方一帯では十七世紀にスーラト港がもっとも繁栄した。この地方では、アラビア、トルコ、イランなどから多くの外来の商人が来航し、ムスリム商人やアルメニア商人が活躍した。インド在来の商人としては、グジャラート地方のバニヤー商人(ヒンドゥーや、ジャイナ教徒)や先述のボーホラーと呼ばれるムスリム商人、およびパールスィー商人が活動していた。

スーラトは十六世紀以来、西インドの最大の海港であり、多くの在来のインドの商人が活動していた。十七世紀前半では、バニヤー商人のヴィールジー・ヴォーラが金融、仲買で財を成し、スーラトの貿易を支配した。彼は、南インド、マラバール海岸のコショウを独占し、また、ヨーロッパ東インド会社のもたらす商品を独占的に買い付け、東インド会社に多額の融資をおこなっていたといわれる。

また、スーラトでは、外来のムスリム商人とともにムガル皇帝一族や、高官

▼**パールスィー**　中世、イランから移住してきたゾロアスター教徒の子孫で、西インドにまとまって居住し、数は一〇万人前後と極めて少ないが重要な役割をはたしてきた。グジャラート地方政権やムガル帝国との結びつきは強く、経済活動に優れ、富裕であった。

▼**ヴィールジー・ヴォーラ**(十七世紀前半〜後半)　スーラトにおける最大のジャイナ教徒商人の一人。銀行業、貿易で利益をえて、多くの船舶を保有し、東インド会社に多額の融資をしていた。

が貿易活動をおこなっていた。同じくスーラトの富裕な商人としては十七世紀後半から十八世紀に活動したムスリムのアブドゥル・ガフール▲が有名でその子孫がスーラトの船主商人(船を所有する商人)として活動していた。

　西インドのアーメダーバードでは、十七世紀半ばにかけて宝石販売や金融で活躍したジャイナ教徒の豪商シャーンティダースが富を蓄え、壮大なジャイナ教寺院を建立した。彼の一族は「ナガル・シェーツ」(市の長老)の地位を世襲した。王位継承戦争では、アウラングゼーブへ多額の献金をしたといわれている。

　ベンガルでは十六世紀にゴウルや中世以来のサートガーオンが発展していた。ガンジス川本流の変動によるサートガーオンの衰退とポルトガル人の進出によるフーグリーの発展によって、ポルトガル商人がベンガル交易を支配した。ポルトガル勢力の衰退のあと、オランダ人、イギリス人、デンマーク人などヨーロッパ商人が進出した。

　東インド海岸のコロマンデル地方では、ヒンドゥー商人が優勢であったが、ムガル帝国が併合する前にはゴールコンダ王国の支配下で、外来系のムスリム商人が活動していた。とくに、サファヴィー朝イラン出身のミール・ジュムラ▲

▼アブドゥル・ガフール　ボーホラー商人グループの一人。多数の外洋船をもち、紅海や東南アジア、広東にこれらの商船を送って、広く海外貿易事業にたずさわっていた。

▼ミール・ジュムラ(?〜一六六三)　イラン出身。はじめゴールコンダ王に仕え、外国貿易で利益をあげた。

は十七世紀前半から半ばにかけてゴールコンダ王国に宰相として仕え、インド洋地域に船を出し、東南アジアにまでも船を派遣して、ゴールコンダ王国の財政に貢献した。

ミール・ジュムラはアウラングゼーブのもとに呼ばれ、シャー・ジャハーン時代末期にムガル宮廷にむかえ入れられ、ムガル帝国宰相の地位についた。アウラングゼーブ時代になっても引きつづき国家の枢要な地位についた。アウラングゼーブはその商人活動の経歴を高く評価して、彼をむかえ入れた。アウラングゼーブ時代初期にベンガルへ派遣され、遠征中に死んだ。

十七世紀後半にムガル帝国高官の交易活動への出資が活発となったが、十七世紀後半から十八世紀前半にかけてベンガル地方商人とならんで、大商人としては、グジャラート地方商人やマールワール地方商人(ラージャスターンの地方商人)、アーグラ地方商人、アルメニア商人などが進出した。とくに、マールワール商人は十七世紀にインド各地に進出し、イラン、中央アジア、ロシアへと進出していった。

十八世紀前半に活動したマールワール商人のジャガト・セート家はベンガル

太守と結びつき、徴税請負や綿布の買付け、金融業をおこない、ムガル皇帝から「ジャガト・セート」（世界の銀行家）の称号をえた。ヨーロッパ東インド会社もこの一族から融資を受けた。

ヨーロッパ東インド会社とムガル帝国

ムガル宮廷は、カトリックの宣教師など、アクバル時代以来新たに来航するヨーロッパ人を歓迎した。しかし、ムガル帝国は、許可状（カルタス）をもたないインド船を没収したポルトガル人とは対立した。独自の強力な艦隊をもたなかったムガル帝国側はポルトガル人に対抗するためオランダ人やイギリス人の進出に期待を寄せたのである。

十七世紀初め、ジャハーンギール時代にイギリス人の使節トマス・ローが宮廷を訪問し、交易の許可をムガル宮廷からえたが、イギリス人の進出は必ずしも順調にいったわけではなく、ベンガルでシャー・ジャハーンの王子シャー・シュジャー▲と繋がりをえてムガル帝国領内での交易の拡大をはかったのみである。

▼**シャー・シュジャー**（一六一六～六一?）　シャー・ジャハーンの第二子。彼の任地ベンガルでは勢力強化に努め、イギリス人、オランダ人との貿易拡大に努めた。王位継承戦争で敗れ、アラカン逃亡中に没する。

オランダ東インド会社はアーグラに商館の支部をおき、ムガル宮廷の高官と接触をはかり許可状をえて有利に交易を進めた。シャー・ジャハーン時代にオランダ人商館員ペルサールトやその下で働いていたヤン・タックは当時の経済的、政治的事情を記録に残した。一六六〇年代まではオランダ東インド会社のインドにおける交易活動は順調に進み、イギリスの会社の活動を量的にはるかに上回った。ムガル宮廷はオランダ人との関わりのほうがイギリス人よりも深かったのである。

ヨーロッパ人とムガル宮廷との関係をみるうえで重要な事件がシャー・ジャハーン時代にいくつか起こっている。ポルトガル人は、十六世紀にゴアに拠点をおいてインド・東南アジア交易を支配し、十七世紀においても、なお、ベンガル湾交易を勢力下におき、アラカン▲沿岸の海上勢力とも結びついていたといわれている。イギリス、オランダの会社とも、ベンガル湾におけるポルトガル人勢力にたいしては、十分には対抗できなかったのである。

ポルトガル人が当時ベンガルにおいていた最大の拠点はフーグリー▲であった。ポルトガル人の拠点たるこの地を一六三〇年代初めにムガル軍が包囲し、その

▼アラカン地方　ミャンマーの西南の海岸線一帯の細長い地域。インド文化が早くから伝播。ムガル時代にはベンガル海域一帯に勢力をはるアラカン王国が成立した。

▼フーグリー　中世にはその西五キロにあったサートガーオンが貿易港であったが、ガンジス川本流の移動後、フーグリーが建設され発展した。

地からポルトガル人の商人や指導者を追放した。以後、ポルトガル人はベンガル湾では勢力を失い、かわって、オランダ人やイギリス人が進出した。

また、一六四〇年代には、オランダ東インド会社による東南アジア産のスズの独占交易に対抗するため、ムガル中央政府がスーラト港を封鎖するという事件が起こった。インドでは産出しないスズの輸入がオランダ東インド会社に独占されたことは当時のインド商人にとってかなり打撃を与えることとなった。このときはムガル帝国側が敗退したが、その後、インドのグジャラート商人が結束して迂回ルートで東南アジアとの交易をおこない、やがてオランダ人のスズ独占が意味をもたなくなった。

このことは、ヨーロッパ東インド会社が東南アジアとインドとの長距離交易を独占したものの、インド商人グループによる東南アジアとの交易が全滅したわけでないことを意味している。イギリスの会社は一六六〇年代になって、やっと、インドにおける交易を立て直し、十七世紀に東部のマドラスや、十八世紀にはボンベイ、カルカッタなどを拠点として交易の発展をはかった。フランス東インド会社は、コルベールの努力によって、一六六〇年代に再建されたが、イギリスと対抗できるようになるまでにはまだ時間がかかった。

アクバルはカトリック神父を宮廷にむかえ入れ、アーグラに教会を設立することを許可した。アーグラで活動するカトリック神父はデリーを訪問し、皇帝や王子と語らった。ムガル貴族のなかにキリスト教に改宗したものもでた。また、シャー・ジャハーンの長男ダーラー・シュコー（七一頁参照）はしばしばカトリック神父と語らったといわれている。

ムガル時代の首都デリー建設

アーグラ、ラーホール、ファテプル・スィークリー▲、デリーなどの都市が建設された。一六三〇年代末ころから、デリー城の建設が始まり、経済活動の中心地としての新デリー市（「シャー・ジャハーナーバード」）がシャー・ジャハーン時代最大の宰相、サドゥッラー・ハーン▲の指導のもとで建設された。まわりを市壁でかこまれたデリー市は、最大でも半径約二キロの四分の一円で、不定形の扇形をなしており、城砦部分と都市民居住部分とは分離されている。市民居住部分は、大きくみても四平方キロの広さで、意外なくらい都市領域は小さい。

▼ファテプル・スィークリー　アーグラから南西のアジメールへ向かう途中の地で、この地のチシュティー派の聖者が皇子サリーム（ジャハーンギール）の生誕を予言し、一五七〇年代初めアクバルが離宮を建設させた。アクバルのグジャラート遠征で勝利したのち、勝利の町の意味でファテプルの名をつけた。

▼サドゥッラー・ハーン（?〜一六五六）　パンジャーブ地方ラーホール近郊の生まれ。インド在来のムスリムの学者の家系で、若いときからその優れた学識で知られ、低位から出世して臣下として最高位にのぼりつめた。

●—ヤムナー川とアーグラ城

●—デリーの中心モスク、ジャーマ・マスジッド

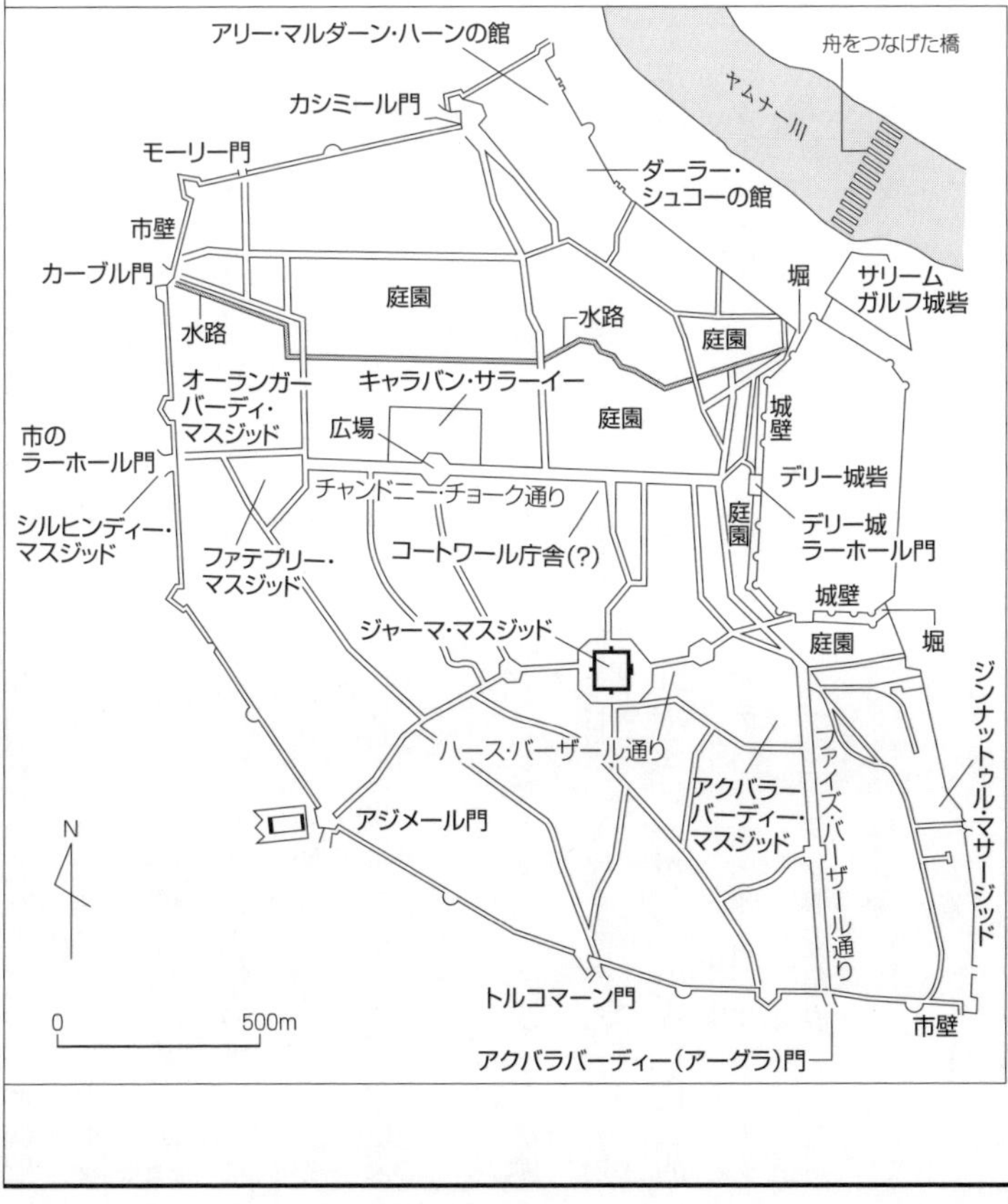
アリー・マルダーン・ハーンの館
カシミール門
モーリー門
市壁
カーブル門
水路
庭園
水路
庭園
舟をつなげた橋
ヤムナー川
ダーラー・シュコーの館
堀
サリーム ガルフ城砦
オーランガーバーディ・マスジッド
キャラバン・サラーイー
広場
庭園
城壁
市のラーホール門
チャンドニー・チョーク通り
デリー城砦
シルヒンディー・マスジッド
ファテプリー・マスジッド
コートワール庁舎(?)
庭園
デリー城 ラーホール門
城壁
ジャーマ・マスジッド
庭園
堀
ハース・バーザール通り
アクバラーバーディー・マスジッド
ファイズ・バーザール通り
ジンナットゥル・マサージッド
N
アジメール門
0
500m
トルコマーン門
市壁
アクバラバーディー(アーグラ)門

●—デリー市街図(「シャー・ジャハーナーバード」)

南北約八二〇メートル、東西約四九〇メートルあまりのデリー城は堀と城壁でかこまれており、外壁一帯が赤砂岩でおおわれていて、朝日、夕日に赤く映えることから「ラール・キラ」(赤い城砦)と呼ばれた。城の内部に、ディーワーネ・アーム▲という大広間をもつ建物があり、皇帝のいわゆる謁見の場とされているが(ディーワーンは政庁)、おそらくそれなりの公的儀式、政務の場所であったろう。その奥に、ディーワーネ・ハース▲(特別広間)があり、ここで皇帝は、高官や側近などとともに政務をとっていた。

この都市領域のやや小高い丘の上に金曜モスク、ジャーマ・マスジッド▲が建てられた。一六三〇年代の新デリー市建設から一七三〇年代までの約一〇〇年間にデリー市内には、一〇〇のモスクが建てられたというが、そのうち代表的なものは、ジャーマ・マスジッドのほかに、ファテプリー・マスジッド、アクバラーバーディー・マスジッド、シルヒンディー・マスジッドである。これらの三つはいずれもシャー・ジャハーンの妻の名を冠して名づけられたモスクである。アウラングゼーブ時代の末期、十八世紀初めに、アウラングガーバーディー・マスジッド(アウラングゼーブの妻の名を冠した)、ジンナットゥル・マサー

▼ディーワーネ・アーム　正しくは、ドーラット・ハーナイェ・アームで、アーム(意味は一般の人びと)は貴族より下層の官僚のこと。大広間で皇帝が政務をいいわたした。

▼ディーワーネ・ハース　正しくは、ドーラット・ハーナイェ・ハースで、貴族(ハース)の集まる場所であり、皇帝がここで貴族を謁見した。

▼ジャーマ・マスジッド　デリーの中心モスク。金曜モスクで、デリー市内のいちばん高い丘の上に十七世紀なかごろまでに完成した。

ジッド（アウラングゼーブの娘の名を冠した）などのモスクが建てられた。イスラーム以外では、今日グルドワーラ・シスガンジと呼ばれるシクの大寺院があるが、ヒンドゥー寺院などイスラーム以外の宗教施設はアウラングゼーブ時代には路地裏にこっそりあったものだけで、めだたない存在であった。

デリーには、東西と南北に伸びる二本の大通りがつくられた。東西の通りは現在チャンドニー・チョーク▲と呼ばれているもので、デリー城の西門（ラーホール門）から市の西門（ラーホール門）に繋がっている。南北の通りはチャンドニー・チョーク通りよりやや短いが、デリー城の南門から市の南門（アクバラーバーディー門）へ繋がる通りで、ファイズ・バーザール▲と呼ばれている。

ムガル時代には、チャンドニー・チョーク通りの真ん中に水路が流れており、「ナフレ・ベヘシュト▲」（天国の水路）と呼ばれ、また、通りの両端には街路樹が植えられていた。

チャンドニー・チョーク通りはデリー城から西に向かって、ファテプリー・マスジッドに突きあたり、直角に折れて、さらに直角に折れて市の西門、ラーホール門に行きあたる。現在でもこの通りの両側はデリーいちばんの繁華街と

▼チャンドニー・チョーク　デリー市内の東西に走る大通り。広場（チョーク）の池に映る月光（チャンドニー）から、大通り全体が月光の銀色の通りといわれるようになった。

▼ファイズ・バーザール　デリー市内の南北に走る主要通り。通りの両側はバーザールで、通りにアクバラーバーディー・マスジッドがあり、なかほどに広場があったが、ムガル時代の通りは破壊され、現在その様子を知ることができない。

▼ナフレ・ベヘシュト　「天国の水路」といわれたこの水路は、チャンドニー・チョーク通りの真ん中を走っていて、市内への主要な給水路であったが、現在はうめたてられている。

なっているが、ムガル時代も、城側に近い両側に武器の店や宝石店などが並び、ラーホール門に近づくほどに日用品を売る店が多かった。

チャンドニー・チョーク通りのファテプリー・マスジッド寄りのチョーク（広場）の北側にはキャラバン・サラーイー（宿泊施設）があり、そのさらに北にはサーヒバーバードという庭園があった。これは、シャー・ジャハーンの長女ジャハーン・アーラー▲ベーグム（サーヒブは長女への敬称）にちなんでつくられた庭園である。同様にデリー市西方郊外には次女ローシャン・アーラー▲にちなんだローシャナラ・バーグ（バーグは庭園の意味）がつくられた。

デリーの都市行政

チャンドニー・チョーク通りの大きな広場とは別にやや小さめのもう一つの広場が城寄りにある。その近くに、今日のシクの寺院のあるあたりにムガル時代にコートワーリー▲と呼ばれた市庁舎があった。

ムガル時代、都市は中央の官庁が任命したコートワールが管理していた。江戸時代の奉行とやや似たところもあるが、いちばん大きな違いは、ムガル時代

▼ジャハーン・アーラー（一六一四〜八一）　シャー・ジャハーンの長女。各地に領地をもち、若い時代にはまた外国貿易にも投資して莫大な富をえていたといわれている。

▼ローシャン・アーラー（一六一七〜七一）　シャー・ジャハーンの次女。シャー・ジャハーン末期の王位継承戦争で、アウラングゼーブ側についた。相当の富を貯えたといわれているが、晩年は幽閉の身を送った。

▼コートワーリー　コートワールの庁舎のこと。デリーの場合、チャンドニー・チョーク大通りの、城砦側のやや小さめの広場の南側にあったとされているが、詳細は不明である。今日のシク寺院（グルトワラ・スィスガンジ）のあるあたりという。

のコートワールは裁判権をもっていなかったことである。一般にムスリム間の裁判は、都市のカーズィーがおこない、行政と裁判とは分離していた。ヒンドゥーの場合は都市のパンチャーヤット（もとの意味は五人制協議会）がヒンドゥー法にもとづいてヒンドゥー間の争いを調停していた。

コートワールがたずさわる仕事は原則として、都市の治安維持や都市民の管理、税務の監督などでその職務は範囲が広く、かなりの激職であったといわれているが、おそらく江戸時代の町奉行ほどは職務が集中していなかったようである。州長官や都市を含めた広域の地方を統括する軍司令官（ファウジダール）など他の軍政官が、一部治安維持や軍務を分担していたためとみられる。州や県などの軍務と市政の管理とは原則上は別の権限であった。

ムガル時代のデリー市内の人口は正確には不明である。多くの都市民は街区▲（マハッラ）単位で生活しており、税金も街区ごとに徴収されていて、行政も街区が基本であった。コートワールは街区の指導者の協力なくして都市の治安維持は望めなかった。街区の指導者は大商人など有力者であり、ムガル帝国の支配は都市のヒンドゥーなどの大商人の協力を必要としていた。コートワールの

▼**街区**　マハッラ。もとはアラビア語。都市のなかの小区画のこと。一般にイスラームの世界で都市を構成する社会的単位で、北インドの大都市でも通例街区が居住の単位となっており、宗教的、カースト的まとまりがあるとされるが、混住の場合も多い。

現在のデリー市内のバーザールの店

任命にさいして街区の指導者の意向が反映されていたようである。

デリー市内に街区がいくつあったか、街区がどのように構成されたかなど詳しいことはまだ十分に解明されていない。出身地や職業カーストごとに街区がつくられていたとみられる。街区の人口ははっきりしない。非常に大ざっぱな推定では、街区の人口が平均三〇〇〇～四〇〇〇人として、四〇～五〇の街区があったとすると、デリー市内の当時の人口は多くて二〇万人、少なくみて一二万人であったろうか。

十七世紀のインド亜大陸全体の人口は、すでに一億人をこえていたと想像されるが、ムガル帝国領土内でもすでにかなりの人口をかかえていたとみられる。十九世紀前半のデリー市壁内の人口は、一二万人から一五万人といわれている。そのうちヒンドゥー人口が五〇％をやや上回っていた。

チャンドニー・チョークの大通りにそって、法官や書記、役人、大商人など、富裕な中間層が住み、下層民は、都市の南側や南東側の市壁近くの周辺部に住み着いていた。デリーはすでに述べたように政治都市であるとともに商工業都市でもあり、市内では、綿製品や貴金属品の手工業の最終工程がおこなわれて

現在のデリー市内のハヴェーリーの様子

おり、多くの大小の店が市内に存在した。

デリー市内には貴族や大商人が暮すハヴェーリーと呼ばれる大きな館があり、一部現在でも残存している。数層におよぶ建物にかこまれたやや広めの中庭はその館の主人および家族のためだけの特別の空間であった。その館の主人がハヴェーリーを支配しており、多くの使用人や職人も館に付属する建物に居住していて、全体が一つの街区のようであった。ハヴェーリーに居住する使用人は数百人におよんだという。

デリー市内にいくつかの大きなモスクや庭園、宿泊施設があったから、一般市民の居住空間はそれほど大きくなかったとみられる。一方で市外にも多くの市場があり、その管理は市内とは別になっていたようである。

デリー市街図をみればわかるように、そのプランは西アジアにおけるイスラーム都市とはかなり違っている。都市民の居住の実態は、単純にイスラーム的とはいえない。

▼ラージャ　古代サンスクリットで王の意味。マハーラージャは大王の意味。ラージャディラージャ(王のなかの王)の称号も使われた。

▼フド・カーシュト　ペルシア語でフドは「自分自身」、カーシュトは「耕作」の意味。

④―ムガル時代の社会と文化

ムガル時代の社会生活

　在地社会を支配していたのは一般にザミーンダールと呼ばれていた階層で、ラージャ▲と呼ばれる王から、地方領主や、地主のような村落の上層部までを含む広い層を意味した。地方の支配階層をなすザミーンダールは、数カ村から数百カ村を支配し、独自の兵力をもち自己の領土や近隣の村落を含めた一帯から地租を徴収し、それにともなう報酬をえることを権利として世襲的に受け継いでおり、ムガル帝国からもその権利をそのまま認められた。こうした権利をザミーンダーリー権と呼び、相続、売買、抵当のできる権利となっていた。

　ザミーンダール層が、農村の自作農や実際の耕作民、農村労働者を支配し、地域一帯の共同で、新田開発、改良、灌漑などに資本を提供し、ムガル時代の農村の経済発展にもっとも重要な役割を担っていたのである。村落内には村長や村書記の上層農民と自作農(フド・カーシュト▲)の一般小農民層がおり、村落の指導的地位にあった。その下に下層農民や不可触民がいて何段階かに階層分化していた。下層農民の住居はふつう土の家であり、ほとんど家具をもっていなかった。貧民や最低の不可触民はギリギリの最低生活を送っていた。

都市の貧民は、下層の職人や、召使い、家内奴隷、下層の兵士、日雇いの肉体労働者などで、馬一頭もつ騎兵の通常の一カ月の生活費が二〇～三〇ルピーといわれている。職人などは一カ月せいぜい四、五ルピーの収入であったという。支配階層であるムガル貴族は莫大な収入をえて、多くの召使い、従者を使い、馬や象をもち、大邸宅で、高価な衣服、装飾品、宝石をもち贅沢な暮らしをしていた。

中産階層の実態は必ずしも明確ではないが、都市の中間層はマンサブダール、専門職としての医者▲、宮廷および貴族に雇われた音楽家、画家、歴史家、カーズィー（法官）、ヒンドゥーやイスラームの聖職者や行政機構の中位以下の役職についた膨大な数の役人や事務員などである。中央の官庁や地方の機関に中以下の役職をえたものは、一般に現金給与でその額は非常に低かったのでそのつどの臨時収入をえていたが、ときに慣例以上の高額におよぶ賄賂をとることもあった。

▼**医者**　ハキーム（賢者の意味）。アラビア起源のイスラーム医学の医者と、インド伝統のアーユルヴェーダの医者がいた。

都市には商人階層が形成され、海外交易で発展し、西インドから内陸の北インド方面まで広く経済関係の繋がりをもち経済的繁栄を誇った。また、ヒンドゥーのカーヤスタ▲やハトリー▲のカーストが書記として働き富裕化した。ムガル時代は、帝国の事務的文書はすべてペルシア語で書かれていた。早くからこうしたヒンドゥーの階層がペルシア語を学んで書記職を握り、ムガル帝国の官庁の実務はヒンドゥーなくしては、成り立たなかった。

　ムガル時代の大都市の一般の商人の住居について詳細は不明である。当時の状況を見聞きしたはずのヨーロッパ人の旅行記では、庶民の家の多くは泥壁、藁葺き屋根の非常に粗末な小屋に住んでいたとされている。しかし、デリーやラーホールのような大都市では、ハヴェーリーのような大きな館に住む上層の人間は別として、市内に居住する中流の商人は大通りに面して二階建ての比較的しっかりした建物に住んでいたとみられる。今日のラーホール旧市街には古くからの町並みが残っており、建設された当初から時代がたつにつれ、やや高層化が進んだようである。デリー市の場合も同様に当初の二階建てのヴェランダのある住居がだんだんに高層化していったのかもしれない。ヨーロッパ人旅

▼カーヤスタ　ベンガル、北インドで書記カーストとして名高い。子弟はヒンドゥーとして母語はもちろん、アラビア語、ペルシア語などを学び、高い教育を受けている。ムガル時代には行政職につき、富裕な中間職として活動した。

▼ハトリー　カーヤスタ同様、クシャトリヤに位置するといわれている。軍人、行政職にたずさわり、ムガル帝国では書記職につき、都市の富裕な中間層を形成した。

行者が見たという粗末な住居はほとんどが最下層の労働者の住む家で、おそらくは都市の市壁の外に建っていたものではないだろうか。下層の労働者は、朝、市門が開かれると同時に荷車で野菜など日常品を市内に運び入れて、わずかな労賃をえていたのである。

ムガル時代の建築

インド亜大陸の建築は、紀元前からの長い伝統がある。たんにヒンドゥー建築と一括してまとめることはできない。それぞれの地域に中心と地方があり、独自の文化の発展がみられる。それぞれの相互に影響をおよぼしあって、全体として複雑な文化の流れをつくっているのである。

中世において、イスラーム文化が西アジアから伝播《でんぱ》して以降、パンジャーブやシンド地方は、もちろん、東部のベンガル、ガンジス川中西部のジャウンプルなどで独自のインド・イスラーム文化が発展した。さらに、ラージャスターンのアジメール、マールワーの中心地マーンドゥ、グジャラートのアーメダーバードでそれぞれ独自の発展をとげた。

アーグラのイティマード・ウッダウラ廟（一六二〇年代）

▼**サーサラーム**　ガンジス川中流、シェール・シャーの生地。その墓廟は広大な人造池の中州につくられた。

北インドのデリー、アーグラのインド・イスラームの建築様式は、デリー・スルターン朝以来の各地方で発展をとげた建築文化が融合して、ムガル様式として発展定着したとみられる。中世にイスラーム様式が伝播して、以前にはなかったモスクや墓廟、ミナレット（クトゥブ・ミーナールなど）、集会堂などがつくられ、新しい様式や建築方法が伝播して、それ以前の建築とは違った建築物がつくられるようになったことは確かである。しかし、柱の様式、文様、屋根の葺き方など、建築の細部ではそれ以前の伝統が残っている。

デリー・スルターン朝時代のデリーで、スーフィー聖者の廟、ニザームッディーン廟などの聖者廟とその墓建築物がつくられたが、ローディー朝期になると、大々的な、皇帝や貴族の墓建築物がつくられるようになった。デリーに残るローディー期の皇帝の墓や、ビハールのサーサラーム▲に残るスール朝期のシェール・シャーの墓が有名である。

さらに、アクバル時代になると、デリーに巨大なフマーユーン廟がつくられ、また、ジャハーンギール時代に、デリーのハーネ・ハーナーン廟やアーグラ、スィカンドラのアクバル廟、アーグラのイティマード・ウッダウラ廟が有名で

●—フマーユーン廟（一五六〇年代）

●—ファテプル・スィークリーのパンチ・マハル（一五七〇年代）　赤砂岩の五層（パンチは五の意味）の楼閣（マハル）。細い赤砂岩の丸い柱で屋根、床を支えている軸組構造で壁がないため完全に外から透けてみえる。その建築意図は不明。

●—ファテプル・スィークリーのディーワーネ・ハース内の謁見台の柱（一五七〇年代）

ある。

十五世紀後半以降に大建築物がつくられるようになったのは、北インド各地の経済力が高まったためであるとともに、建築技術が進歩したためである。北インドの各地を支配したアフガン系貴族が競って大建築物を建てたためであるといわれている。シャー・ジャハーン時代の大建築物建造の先駆けがローディー朝期にすでにあったとみてよいであろう。

建築物と並んで重要な要素はムガル庭園である。歩道や水路で四つに分けてつくる大々的な四分庭園はムガル時代では、フマーユーン廟やハーネ・ハーナーン廟から始まるのであろう。こうした建築物と庭園の典型がタージ・マハル廟である。アーグラに建てられたこの建物群とムガル庭園は、入り口の大門、中心の廟（シャー・ジャハーンの妃の墓建築物）と左右のモスクや集会堂からなる集合体であるが、その中心となる建物はあくまでも墓建築物である。

さらに、アリー・マルダーン・ハーン▲は、カンダハールの地方長官として仕えていたが、シャー・ジャハーン時代にムガル帝国側に寝返った。彼はムガル帝国にむかえられ貴族の最高の地位についた。デリー市内の水路、城砦内の水

タージ・マハル廟（一六五〇年代）

▼**アリー・マルダーン・ハーン**（?〜一六五七）　サファヴィー朝シャー・アッバース一世に仕え、カンダハール総督となった。シャーの死後、サファヴィー朝のもとで迫害される恐れから、ムガル帝国に逃れた。水利灌漑工事に優れた技術者を多く引き連れ、ムガル帝国内の水利工事に貢献した。

路は当時のペルシアでの技術によるものである。

建築方面ばかりでなく、ペルシア文化が全体として、ムガル宮廷で受け入れられ、デリー・スルターン朝時代から始まっていた北インドの諸地方でのペルシア文化の受け入れは、ムガル時代になって最高潮に達した。ペルシア文化の受け入れは、ペルシア語による文学からウルドゥー文学の発展を促した。

ムガル時代の絵画

インド各地の王国の宮廷の保護下に絵画が発展した。こうした絵画は四〇センチ×五〇センチ程度のものが多く、一般にミニアチュール絵画と呼ばれている。本格的な絵画は十六世紀前半にイラン系画家が多数インドに移住し、イラン風の絵画技法をもたらしてからである。

十六世紀後半、アクバル時代に一〇〇人以上のペルシア系画家を招請し、宮殿のアトリエで絵を制作させた。この時期の傑作は、ペルシアの伝説的英雄ハムザの冒険物語『ハムザ・ナーマ』の挿絵が有名である。また、ペルシア語の説話集▲『トゥーティー・ナーマ』▲やサーディーの詩集の挿絵が有名である。

▼説話集　インド各地では四世紀ころからサンスクリット文学が発展し、そのうち説話文学が有名でヨーロッパにも伝えられた。

▼『トゥーティー・ナーマ』　サンスクリット説話集『鸚鵡七〇話』（シュカ・サプタティ、十二世紀以降）は十四世紀にペルシア語に訳され『トゥーティー・ナーマ』（鸚鵡物語）となり、これがムガル時代に逆に導入された。

『トゥーティー・ナーマ』の一節（一五六〇年頃）

一方で、『ティムール・ナーマ』『バーブル・ナーマ』『アクバル・ナーマ』▲などのムガル帝国の歴史に直接かかわる歴史書の挿絵が十六世紀終わりごろから描かれだした。アクバルは字が読めなかったため、歴史書の挿絵を好んだからである。

ムガル宮廷絵画は、ペルシア風の模写から発展し、独特のムガル様式を確立した。そこに描かれた人物は、ペルシア風の様式化した静的な人物の動きから脱し、動的で活力のある人物像となっている。最盛期のムガル絵画はアクバル時代末期からジャハーンギール、シャー・ジャハーン時代、アウラングゼーブ時代初期までで、以後、宮廷絵画は急速に減っていく。

一五八〇年代にイエズス会宣教師が布教のためアクバル宮廷を訪れ、その後も何回か、宮廷を訪れた。そのさい、キリスト像、マリア像などをもたらした。さらに、ジャハーンギール時代以降、ヨーロッパ東インド会社社員が当時のヨーロッパの絵画、国王の肖像画や銅版画をもたらした。こうしたヨーロッパ絵画がムガル絵画に大きな影響をおよぼした。

ムガル宮廷絵画は、歴史書の挿絵を中心とした歴史主義の流れとは別に、題

▼**『アクバル・ナーマ』**　皇帝アクバルの一代記。中心の編者はアブル・ファズル。通常の歴史書はイスラームの歴史から始まるが、この書はモンゴルの歴史から始まっている。

ムガル絵画

●**十字架上のイエス**（一五九〇年頃、ケースー・ダース画）

●**クジャク**（一六一〇年頃、マンスール画）

●**シマウマ**（一六二〇年頃、マンスール画）

●**ツル**（一六一五年頃、マンスール画）

●**宮廷内で抱き合う二人**（ジャハーンギールとヌール・ジャハーンとされている絵、一六二〇年頃、ゴーヴァルダン画）

●**ブランコに乗る女**（後期ムガル絵画、一七四〇年頃）

●**宮廷の二人のヒンドゥーの女**（後期ムガル絵画、十八世紀）

材としてあらゆるものを取り上げた。皇帝や貴族は風景画、動植物画などを好み、それらの絵画には自然主義の傾向が強くあらわれている。宮廷の工房で描かれる絵は、初めから終わりまで一人で描くのではなく、下書き、上絵、仕上げなど、役割が分担されており、師匠たる画家が下絵・線書きをし、全体を監督・指導して一枚の絵を完成させたのである。

　アクバル時代後半からジャハーンギール時代にかけて、イラン系の人物ばかりでなく、ヒンドゥー系の画家も活躍した。人物描写にはアブル・ハサン▲が優れており、また、ゴーヴァルダン▲は、やはり人物描写に優れ、とくに聖者像、ダルヴィーシュ（スーフィー聖者）像、北インドの禁欲僧の像、瀕死のイナーヤット・ハーン像は優れた絵画である。

　当時の画家のなかで、とくにマンスール▲は、若くして優れた才能を認められ、アクバル時代、宮廷工房のウスタード（師匠）の地位につき、「当代の奇蹟」とまで呼ばれた。人物描写より花や動物、風景など写実的な自然描写に優れていた。

　ムガル宮廷絵画は人物画を非常に多く描いているが、その最大の特徴は、皇

▼アブル・ハサン（十六世紀後半～十七世紀前半）　幼いときから画に優れており、デューラーのヨハネ像の模写で、ヨーロッパ風技法を学んだ。

▼ゴーヴァルダン（?～十七世紀半ば）　アクバル時代末期からシャー・ジャハーン時代初めにかけて活躍した最大のミニアチュール画家の一人。ヒンドゥー画家の息子。

▼マンスール（?～一六二一?）　ムガル時代最大の画家の一人。アクバル時代後半からジャハーンギール時代に活躍し、ジャハーンギールが高く評価し、彼に並ぶ者がいないとまで評したといわれている。

女や宮廷の婦人を描いたことである。しかも、こうした婦人像は薄着をまとっているものの、肌の露出を思わせる姿を描いているものがある。宮廷のラブ・ロマンスを思わせるような絵画もあり、イスラームの宮廷でありながら、ムガル宮廷では恋愛情景をあらわした絵画が好まれた。

アウラングゼーブ時代後半にムガル宮廷絵画は衰退していったが、北インドの中央部とは別にベンガルやパンジャーブ、さらにデカン地方では、それぞれの固有の文化の流れが復活し、各地方の王宮が画家を保護したため、インド各地でムガル最盛期より絵画はさらに発展した。クリシュナとラーダー姫との愛情物語をテーマとした絵が多く描かれた。

北インドのヒンドゥー思想家

十五、十六世紀の近世の北インドは、現在以上にヒンドゥー人口がムスリム人口を圧倒していた。民衆はもちろんラージプートの大王や、北インド各地の豪族、領主、大地主のほとんどはヒンドゥーであった。ムスリム君主によるムガル帝国が成立したところで、こうした北インド、西インド各地の状況は大きく変わったわけではない。ムスリム君主のムガル帝国は北インドの民衆のヒンドゥー思想の流れに無関係ではいられなかったはずである。

北インドでは中世からクリシュナ神を中心とするバクティ（神への信愛）思想が民衆のあいだで広く発展した。クリシュナ神への愛情を強調する思想は、クリシュナ・バクティ運動としてベンガル地方で盛んとなり、マトゥラー近郊のヴリンダーバンでも盛んとなった。バクティ思想家としては▲チャイタニヤが有名である。

この派の思想は、クリシュナとラーダーとの恋人同士の恋愛感情によって、バクティを説いた。ムガル時代の各地の王家の宮廷で大量に描かれた絵画で、クリシュナ、ラーダーの愛情物語は、ミニアチュール絵画の主題としてしばしば登場する。

十六、十七世紀の北インドの有名な宗教詩人として、スールダース、▲トゥルスィーダース、ケーシャヴダースが知られている。三人のうちトゥルスィーダースは後世への影響が大きい。彼は貧しいバラモンの家に生まれ、ラーマ神への信愛・帰依を唱えた▲ラーマーナンド派のもとで学問をおさめた。彼は叙事詩

▼チャイタニヤ（一四八六～一五三三頃）　ベンガル出身でクリシュナの聖地で伝道し、クリシュナとラーダーの愛を讃歌にし、バクティ思想を広めた。

▼トゥルスィーダース（一五三二～一六二三）　ラーマナンダの教えを学び、『ラーマーヤナ』の題材を取り入れヴィシュヌへの献身的信仰を説いた『ラームチャリトマーナス』を完成し、その後のヒンドゥー教に大きな影響を与えた。

▼ラーマーナンダ（一四〇〇～七〇頃）　南インド出身、ヴァーラーナスィーで活動、ヴィシュヌ派信仰を説き、神への絶対的信仰バクティを唱え、北インドのヒンドゥー思想に大きな影響を与えた。

『ラーマ王子のおこないの海』を執筆し、名声を博した。

古典サンスクリット叙事詩『ラーマーヤナ』▲にあらわれるラーマ王子は、アヨーディヤーの王子でありヴィシュヌ神の化身とされ、物語のなかのラーマの不撓不屈の精神、正義の行為は民衆へ理想的な人間像をあらわしてきた。トゥルスィーダースはラーマ王子物語とバクティ思想を民衆へ説き、理想的な人間像を描きだし、ラーマ国の構想を説いた。この思想は近代のガンディーの国家像へ影響を与えている。

当時、革新的な思想を唱え、民衆のあいだに大きな影響を与えた人物は、カビール▲とナーナク▲である。カビールはヴァーラーナスィーの下層カースト、職工出身で、カーストによる身分差別を批判し、民衆へ人間本性の神性への目覚めを訴えた。彼の思想は、民衆運動として発展していたバクティの思想の伝統を受け継ぎ、イスラーム神秘主義(スーフィズム)思想からも影響を受けていた。

一方、ナーナクは現在の、パンジャーブのラーホール近郊でヒンドゥー商人の家に生まれた。父親は、ムガル帝国直前の北インドの王朝であるローディー朝下で徴税役人を務めていた。ムスリムとの交わりのなかで、神と直接にふれ

▼『ラーマーヤナ』　二世紀ころ成立。伝承ではヴァールミーキ作。英雄ラーマの物語。生地とされるアヨーディヤーにバーブルがモスクを建設したが、ムガル時代はイスラームとヒンドゥーの対立は起こらなかった。

▼カビール（一四四〇頃〜一五一八頃、異説あり）　ヴァーラーナスィーの下層織工集団出身で、織工を生涯続けながら身分差別を批判し、在野の宗教家として神への帰依を説いた。彼の語る言葉はシク教聖典に多く取り入れられている。

▼ナーナク（一四六九〜一五三九頃）　パンジャーブのラーホール近くの村でヒンドゥー商人の家に生まれた。父親は徴税役人で、官吏としての教育を受けていたが、新しい思想を唱え弟子（シク）とともに教団を開始した。

▼シク教聖典　聖典『グルー・グラント・サーヒブ』は神の啓示が記録されており、グルムキという特別の文字で書かれている。十七世紀初めに編纂された。

あうことを体験し、カビールの思想から強く影響を受け、ヒンドゥー教やイスラーム教と異なる思想を唱えた。

彼は唯一・絶対・全能の神への崇拝を唱え、宗教による人間差別を批判した。伝説によれば、カビールとナーナクとのあいだに師弟関係があったとされている。ナーナクは導師(グル)として民衆の言葉であるパンジャービー語で讃歌をつくり、弟子たちとともに朝夕詠唱した。十七世紀初めにシク教聖典▲が編纂され、そのなかにカビールの詩句が数多く収録されている。

カビールは生前、教団を組織しなかったが、ナーナクは弟子たち(シク)とともに共同生活を送り、教団を組織した。弟子たちは、礼拝所での共同食事、共同精神、グルの教えにたいする忠誠心が強く、また、たがいの結束はかたく、その後、教団は発展し、アウラングゼーブの政策と対立を引き起こすようになった。のちにグルドワーラ(寺院)が各地に建てられた。

ムガル時代のイスラーム思想の流れ

ムガル帝国皇帝個人の宗教はバーブル以来スンナ派である。十五世紀後半から十六世紀前半にかけて、北インドのムスリムのあいだでは、民衆的宗教運動としてマフディー運動▲が高まった。救世主マフディーと称する指導者があらわれ、北インドに広範囲に一種の世直し運動が起こった。マフディー運動は、ローディー朝のもとで時の権力者から異端とされた。正統派ウラマーからはイスラーム思想に反する危険な動きとみられたからである。

アクバル時代にはいり、マフディー運動は収束した。アブル・ファズル▲の父親が一時この運動に関与したといわれているが、アクバル時代中期に、この学者の一家はアクバルのもとに仕えた。アクバル一代記『アクバル・ナーマ』をまとめたアブル・ファズルの思想は、スーフィー的とされているのはその父親の影響が強いためである。また、詩人たるその兄の思想もスーフィー的とされる。

神との合一を唱えるスーフィー神秘主義的運動が北インドで高まっていた。一般の人びとのあいだでは、ヒンドゥーのバクティ運動と混同されていった。ムガル宮廷で、『マハーバーラタ』のペルシア語への翻訳を進めていったのはこうした背景のもとである。また、宮廷のヒンドゥー貴族は、ヒンドゥー思想

▼マフディー運動　イスラームでマフディーは正しく導かれた者の意味で救世主を指すようになった。この世の最後にあらわれて、人びとを救うという信仰。とくにシーア派でこの信仰が強い。

▼アブル・ファズル　『アクバル・ナーマ』と補巻『アーイーニ・アクバリー』(アクバル時代の儀式・制度などの資料集)を編纂した学者で、アクバル支配の思想的裏付けをつくった。

旅するジャイナ教徒（一五九五年頃、バサーワン画）

五人のヒンドゥー行者（一六二五年頃、ゴーヴァルダン画）

▼イバーダット・ハーナ　もとの意味は「信仰の家」。アクバルはファテプル・スィークリーにつくらせたこの建物で、ヒンドゥー教ほかさまざまな宗教の学者を集め、宗教上の問題を議論したという。

の普及に努めていた。

アクバルは、帝国のイスラーム思想の最高権威者であり、正統派のイスラームの学者たるアブドゥン・ナビーなどを追放した。北インドの寛容な思想状況のなかで、かつてのスンナ派の最高権威者を追い出すことで、別の流れをつくりだした。

アクバルは、一五七〇年代末から八〇年代にかけて、さまざまな宗教学者を集め、別宮ファテプル・スィークリーにイバーダット・ハーナ▲と呼ばれる建物を建設させ宗教討論をさせた。そのときの論争には、イスラームの思想家だけでなく、カトリックの宣教師も加わり、ヒンドゥーやジャイナ教徒の学者も参加した。

イスラーム暦一〇〇〇年（一五九一年）が過ぎると第二千年紀の革新という思想が流行し、シャー・ジャハーン時代から北インドのイスラーム思想がしだいに復古色の強いものに変わっていった。十七世紀のシャイフ・アフマド・スィルヒンディー▲は、スーフィー諸派のなかでも復古色の強いナクシュバンディー派を代表するものであった。アフマド・スィルヒンディーの思想はムガル帝国衰退後にますます影響が大きくなっていった。

シャー・ジャハーンがムガル王朝の祖ティムールにあこがれたのは有名である。それと同時に、当時のナクシュバンディー派▲の思想がムガル宮廷で影響をもちはじめた。他方、長男、ダーラー▲の思想はそうした当時の宮廷の雰囲気のなかで、アクバル以来の寛容な精神の流れを受け継ぐものであった。

ダーラーは、キリスト教などさまざまな宗教に興味をもち、ヒンドゥー教との融和主義的流れを思想にもっていた。こうした思想は、当時の宮廷内で彼だけが孤立していたわけではないが、シャー・ジャハーン末期の王位継承戦争で敗れ、勝利したアウラングゼーブ側から異端との烙印を押された。

アウラングゼーブは正統スンナ派を自認し、ジズヤを復活した。しかし、彼の政策は正統派的思想にたってというより、当時の北インドの民衆の動向やデカン征服へ向かわざるをえなかった政治的判断からである。彼は、正統派に凝り固まった政治的に未成熟な皇帝であったわけではない。それにもかかわらずムガル帝国の崩壊を防げなかったのはイスラームに固執したためというよりもっと別な要因からである。

▼アフマド・スィルヒンディー（一五六四〜一六二四）　パンジャーブのスィルヒンド出身。イスラーム終末論の立場から、革新とスンナの復興を唱えた。

▼ナクシュバンディー派　中央アジアのブハラで十二世紀後半に設立されたスンナ派の神秘主義教団。正統派的色彩の強い教団といわれ、ムガル時代中期以降影響をました。

▼ダーラー・シュコー（一六一五〜五九）　シャー・ジャハーンの長男。学問にたけ『マハーバーラタ』などサンスクリット古典のペルシア語訳をおこない、宮廷内の寛容な思想の流れを代表する。

⑤—ムガル帝国の衰退

ムガル時代の反乱

十七世紀前半にブンデラー(ブンデルカンドのラージプート)がムガル帝国支配にたいしての反乱を起こした。ジュジャール・スィングの反乱(一六三四〜三五年)や、チャンパト・ラーイの反乱(一六六二年)のあと、チャタル・サル(チャンパト・ラーイの子)が蜂起した。やがてブンデルカンドに独立国家を建てた。アウラングゼーブのヒンドゥー寺院破壊命令などの反ヒンドゥー政策に反抗したのである。

シク教徒とムガル皇帝との対立は、当初、それほど深まることはなかった。シク教は、デリーから西へ、パンジャーブ地方の農民、商人のあいだに広まった。第九代グルがアウラングゼーブの政策と対立し一六七五年に処刑されたあと、シク教徒はムガル皇帝への反発を強めた。武装軍団化を進めて、パンジャーブ地方に一大勢力を築き、十八世紀半ばすぎ王国を建てた。

一六六〇年代後半、デリー周辺からパンジャーブ一帯にかけて、ジャート▲の

▼ジャート　デリー、アーグラ、マトゥラーを中心とする地域からパンジャーブにかけて居住する農民カースト。もともとは西部から移住してきた外来の部族の子孫といわれている。

農民集団が地租の徴収をめぐって結束し、ムガル帝国側と対立した。一六六九年、マトゥラーで起こった領主(ザミーンダール)に率いられたジャート農民の反乱が北インド一帯に広がり、一時、デリーを危機に陥れた。一六七二年、北インドでサトナーミー▲の一党がジャートの農民反乱に加わり、反乱が拡大した。ジャートの勢力は十八世紀前半に増大し、北インドにジャートの王国が形成された。

ムガル帝国を弱体化させた最大の勢力はマラーター勢力である。デカン西部コンカン地方を根拠地にして、シヴァージー▲はビージャープル王国支配に抵抗して勢力を拡大していった。アウラングゼーブはムガル軍団を派遣してマラーター勢力とのあいだにプランダル条約▲(一六六五年)を結び、その力を一時的に押さえ込んだ。翌年シヴァージーはアーグラにやってきたものの監禁された。シヴァージーは逃亡して、やがて勢力を回復し、デカン一帯にふたたび一大勢力を築き、一六七四年、独立を宣言してマラーター王国を創始した。

アウラングゼーブはラージプートのマールワール王国の王位継承に介入したため、ムガル帝国とのあいだにラージプート戦争(一六七八~八〇年)が起こっ

▼サトナーミー　カビールの影響を受けたヒンドゥー教改革派の集団。サトナーム(真実の名＝神)を信奉するものという意味。

▼シヴァージー(一六二七~八〇、在位一六七四~八〇)　マラーター王国を建国、父はビージャープル王国の武将の一人。軽装のマラーター兵を率いて重装備のムガル軍に対抗し、反ムガル、スワラージャ(独立国家)を掲げ、王に即位した。

▼プランダル条約　ラージプートのジャイ・スィング率いるムガル軍はシヴァージー軍を一時的ながら圧倒した。シヴァージーはこの条約によって二〇以上の城を明けわたした。

た。ムガル帝国はこのラージプート戦争に勝利したものの、ラージプートのあいだではアウラングゼーブへの反発が高まり、マールワール王国では反ムガルのゲリラ戦が三〇年も続くこととなった。もともとラージプート王はムガル皇帝の至上権を認めるが、王国の王位継承にムガル帝国が介入しない原則があった。アウラングゼーブのこのときの政策はこうしたムガル帝国とラージプート王国との従来の協定を破るものであった。

アウラングゼーブ時代後半は領土の見かけの拡大とは逆に帝国の求心力を失っていった。その内部で、すでに崩壊が始まっていたのである。アウラングゼーブは帝位についてから、シャー・ジャハーン時代のまったく実りのない中央アジアへの軍事遠征や、カンダハール奪回をめぐるペルシアとの不毛な対立戦争を避け、デカンへの進出に力をそそいだ。デカンのビージャープル、ゴールコンダ二王国にたいする征服戦争である。

ラージプート戦争中に王子アクバルは皇帝アウラングゼーブを裏切ったため、アウラングゼーブはアクバルを追って、一六八一年、デカンへ到着した。一六八六年、八七年にアウラングゼーブはデカンの独立のムスリム二王国をついに征服した。これ以降、マラーター勢力との直接の対決に専念することができたわけである。

アウラングゼーブは、一六八九年、シヴァージー亡きあとを継いだマラーターの王サンバージー▲を処刑したが、逆に、マラーターの農民を率いたサルダール（領主）の抵抗はデカン全域に広まり、アウラングゼーブは、デカン支配の拠点としてダウラターバード近郊に都市アウランガーバード▲を築いた。以後死ぬまで、北インドのムガル帝国の本来の首都であるデリーに戻ることができなくなった。

ムガル帝国衰退の原因

ムガル帝国衰退の最大の原因は帝国の財政難である。ムガル帝国の財政はシャー・ジャハーン時代までは比較的良好で、宮廷内の諸費用や、シャー・ジャハーン時代のデリー城や建築、タージ・マハルなど大建築物建造によっても、財政が困難に陥ることはなかった。

現在の推定によれば、アクバル時代後半、帝国全土で財政官庁が確保できる

▼サンバージー（在位一六八〇〜八九）　マラーター王国第二代の王。能力・決断力に欠け、はじめはムガル軍と戦って優勢であったが、結局はつかまり処刑された。

▼アウランガーバード　今日の大都市のある地点。市内にはアウラングゼーブ時代以前に建てられた建物もあり、デカン様式を残している。もっとも有名な建物はアウラングゼーブの妃のために建てられた墓廟ビービー・カー・マクバラで、タージ・マハル廟に対抗する意図があったといわれている。

歳入は年、約一億ルピーとされている。そのうち、国家の官僚である全マンサブダールへの給与分が約八割近くを占めていた。現金給与の場合とジャーギール地による給与の割合は皇帝の代ごとに変動するが、ジャーギール地による場合が圧倒的に多かった。現金給与のマンサブダールは一般的に低位の場合が多く、ジャーギール地全部からあがる収入額全体と比べるとその額は低かったとみられる。

各マンサブダールへの給与はジャーギール地からの税収による場合が圧倒的に多かったから、ジャーギール地からの収入が十分でなかったり、あるいはムガル支配下のジャーギール地そのものが足りなくなった場合は、マンサブダールへの給与の不足が起こった。マンサブダール自身の収入(ザート・ランクによる給与)が欠乏すれば、多くのマンサブダールはただちに窮乏化し、ムガル帝国の官僚体制が弱体化することになる。

しかも、ムガル軍の兵士への給与は個々のマンサブダールへのサワール・ランクによる収入から支払われるので、この部分の収入が減少すれば、マンサブダールはサワール・ランクに応じて規定された数の兵士や軍馬を維持できなく

▼ワタン　本来は故郷、国という意味。ムガル時代インドでは世襲的家産を指した。

なり、さらに兵士への給与の未払いがふえれば、ムガル軍全体の弱体化に繋がる。

安定した収入額が保障される有利なジャーギール地を割り当てられる貴族層や上層の官僚の場合や、とくにデカンや西インドにおけるように先祖以来の故地ワタン▲をジャーギール地として認められた場合は恵まれていた。

しかし、中、下層のマンサブダールのなかには、収入の不安定なジャーギール地しか割り当てられなかった者も多かった。こうしたジャーギール地収入の不安定化の原因は、シャー・ジャハーン時代に始まる外征戦争のためマンサブダールの数がふえ、また彼らが維持すべきムガル兵士の数がふえ、したがって帝国全体でマンサブダールへの総給与額が多くなり、ジャーギール地の慢性的な不足が起こってきたからである。

アウラングゼーブ時代には、デカンの二ムスリム王国征服が本格化し、また、マラーター勢力との対決のために新たにデカン出身のマンサブダールを多く帝国に取り入れる必要が起こり、その給与としてジャーギール地収入の増大が必要とされたが、現実には不足がいっそう深刻化した。

ムガル帝国中央は、マンサブダールの窮乏化を防ぐためにジャーギール地収入の確保をはかった。早くから、イジャーラー▲(徴税請負制度)導入によって税収の増徴をめざした。これは、入札によって税収の最高額を申し出た者に徴税を請け負わせる制度であったが、在地農民の反発は大きく、思うほど帝国の税収があがったわけではなかった。しかも、これが逆に農民反乱をまねき税収が減った。そもそも、複雑な土地関係の事情をよく知り、在地農村・農民を把握している者は地方の県、郡の有力層(ザミーンダールなど)であって、請負制を取り入れても実際に落札するのは彼ら地方の有力層であった。

農民反乱とあいつぐ遠征で、帝国の中央が直接に把握する領域は減る一方であり、税収の落ち込み、ジャーギール地収入の減少が進み、他方、税収強化は反乱をまねき、帝国の財政難は深刻となり、ムガル帝国は内部から崩壊することになっていった。

ムガル帝国支配の終焉

アウラングゼーブ死後、十八世紀にはいると短命な君主が続き、帝国の有力

▼イジャーラー　アラビア語で価格・利率を意味し、一定の地代で土地を借りることを指した。

▼ナーディル・シャー(在位一七三六～四七)　十八世紀初め、サファヴィー朝末期の混乱状態のなかからでてイラン、アフガニスタンを支配し、インド、中央アジアへ進行し、デリーを攻略した。

デリーのサフダル・ジャング廟(一七五〇年代)

者が皇帝位を左右した。皇帝は有力者の傀儡《かいらい》と化した。ムハンマド・シャー(在位一七一九～四八)の時代には、ベンガル、アワド、パンジャーブで有力者の独立化の動きが続いた。

ベンガルでは、ムルシド・クリー・ハーン(在位一七一七～二七)がベンガルの総督職につき、事実上の独立をはかった。その後、シュジャー・ウッディーン(在位一七二七～三九)の支配、アリー・ヴァルディー・ハーン(在位一七四〇～五六)の支配が続いた。彼らは、ベンガルの交易、産業を育成、行政改革をおこない、徴税請負制度による財政立て直しをはかった。

北インド中部のアワド(中心は、ファイザーバード、のちのラクナウ)では、一七二二～三九年、サアーダト・ハーン・ブルハーヌル・ムルクがアワド州長官となり、その後、三九～五四年、サフダル・ジャング(四八年ムガル帝国のワズィール職)が事実上独立した。彼は、軍制、行政、司法上の改革に乗り出した。中心地ラクナウのナワーブ宮廷では、貴族によるラクナウ文化が生まれ、芸術、文化、手工業が発展した。

一七三九年、ナーディル・シャー▲軍がペルシアから進入し、ムハンマド・シャーを捕虜にして、デリー市を略奪した。ムハンマド・シャーは帝位を回復したものの、帝国支配は完全に崩壊した。以後、ムガル皇帝はさまざまな勢力により擁立された。このとき、ナーディル・シャーの将軍の一人であったアフマド・シャー（在位一七四八～六七）はアフガニスタンから北インドを侵略した。マラーター連合はアフマド・シャーの軍勢に敗れ（一七六一年、第三次パーニーパットの戦い）、北インドから引いたものの、デカンでは支配を続けた。

ムガル帝国内にとどまっていたラージプート諸王国は、一六七九～八〇年ラージプート反乱鎮圧後、十八世紀に独立色を強めた。アンベール王、サワーイ・ジャイ・スィング二世▲は、西ヨーロッパ風の近代的ジャイプル市を建設し、西欧科学を導入した。

デカン地方では、ニザームル・ムルク・アーサフ・ジャー▲によるハイデラーバード王国が生まれた。しかし、十八世紀後半、内部の抗争が激しくなり、また、イギリス人、フランス人がこの政争に介入し、いっそう国内は混乱した。

マイソール地方は十八世紀に事実上独立地域となった。一七六一～八二年、ハイダル・アリー▲が独立政権を建て、ムガル式統治制度をとりながら、西ヨー

▼サワーイ・ジャイ・スィング二世（在位一六九九～一七四三）　山上の城砦、アンベールとは別に平地に今日に繋がるジャイプル市を建設。デリー、ジャイプルに天文台をつくるなど、ヨーロッパの科学を導入した。

▼ニザームル・ムルク・アーサフ・ジャー（在位一七二四～四八）　アウラングゼーブ死後のムガル帝国の有力な貴族の一人。デカン総督に任命されたが、ムガル帝国より独立した。

▼ハイダル・アリー（在位一七六一～八二）　ヴィジャヤナガル王国後のヒンドゥー地方政権であったマイソール王国で兵として活躍していたが、十八世紀後半にムスリム君主として王国を事実上支配した。

▼スーラジ・マル（在位一七五六～六三）　バラトプルのジャート王国を繁栄に導いた。優れた統治能力をもつ人物といわれているが、彼の死後、王国は分裂した。

▼ランジート・スィング（在位一八〇二～三九）　ヨーロッパ人顧問をむかえ入れ、強力な軍隊をつくった。宗教的にも寛容で、ムスリムやヒンドゥーを指揮官に取り入れた。

ロッパ式軍事訓練を導入し、フランス人の協力をえて、ヒンドゥー官吏の協力のもと、王国を形成した。一七八二～九九年、その子ティプー・スルターン（八六頁参照）は、広範囲にわたる改革をおこない、マイソール王国の繁栄を築いた。彼は、西ヨーロッパの政治について詳しい情報をえていて、フランス革命にさいしてはジャコバン・クラブのメンバーとなった。

　北インドのジャートのなかの最大の勢力がスーラジ・マル▲によるジャートの王国である。アフガン系勢力は、ローヒラーカンド（ヒマラヤ山脈からガンジス川まで）に独立勢力を築き、アワド、デリー、ジャートの王国と対立を繰り返した。

　パンジャーブ地方では十八世紀後半、シクの勢力が一二のミスル（連合体）の組織をもとに発展し、ランジート・スィング▲はラーホール、アムリットサルに拠点をおいてヨーロッパ式軍隊組織を形成し、王国を築いたが、十九世紀前半、イギリス軍に敗れる。

　このように、ムガル帝国は十八世紀半ばには、デリー周辺の小領主として王朝は存在していたものの、帝国の北インド支配は崩壊した。

ムガル帝国とマラーター連合

ムガル帝国を衰退、崩壊に導いた最大の勢力がマラーター連合であった。マラーターとはマハーラーシュトラに住むマラーティー語を話す人びとを指す。その多くは西ガーツ山脈ぞいのコンカン地方出身の領主層であった。武将のなかにはバラモンやさまざまな階層がまじっており、必ずしもマラーターという一つの集団からなっていたわけではない。

しかし、ムガル帝国との戦いのなかで、マラーターの意識が高揚し、ヒンドゥー独立国家建設へといたったのである。王国の建設者シヴァージーは、十七世紀に活動したヒンドゥー詩人、ラーム・ダースのバクティ思想から大きな影響を受けた。詩人は、その著作のなかで、イスラーム教徒の支配からのヒンドゥー教徒の解放を示唆したという。

十八世紀初めにアウラングゼーブが死ぬと、シヴァージーの孫のシャーフー▲がムガル帝国から解放され、マラーター王国の王位についた。マラーターのサルダールのあいだで実権をもっていた叔母のターラーバーイーと対立したが、シャーフー側にたったバラモン出身のバーラージー・ヴィシュワナート▲が、一

▼シャーフー(在位一七〇八〜四九)　解放されたあとマラーター王国内ではシャーフー勢力と叔母ターラーバーイー勢力とが対立し、ペーシュワーに国政が握られ、しだいに名目的な君主となった。

▼バーラージー・ヴィシュワナート(在位一七一三〜二〇)　一七一九年、デリーで実権をもつ有力者、サイイド兄弟に同行し、ムガル帝国崩壊寸前の状況をまのあたりにした。

七一三年、王国の宰相（ペーシュワー▲）に地位につき、実権を握り王国を立て直した。

　シヴァージーの時代に、王国の中央集権的な支配体制が確立したが、この時代にはマラーターの武将が征服した個別の土地をそれぞれのサルダール（部将）の領地とする政策がとられるようになり、マラーター王国拡大への道を開き、マハーラーシュトラのほとんど全域に支配が拡大していった。そのため、一方で王国の中央集権体制がくずれていった。

　アウラングゼーブ死後の短命な君主のもとで、ムガル帝国の実権を握った宰相（ワズィール）はマラーターにたいして友好的で妥協的な政策をとるようになった。ムガル帝国とマラーター王国との協約で、ムガル帝国はマラーター王にたいして、シヴァージー時代の領土（スワラージャヤ）の領有権を認め、デカン六州における四分の一税（チャウタ▲）の徴収や、また、総主職（サルデーシュムク）として租税の十分の一の徴収を認めた。

　他方で、マラーター王のシャーフーは名目的にはムガル皇帝宗主権を認め、デカン遠征においてマラーター兵一五〇〇〇騎をムガル皇帝に与え、マラータ

▼ペーシュワー　マラーター王国官職名で宰相を指す。十八世紀初め王位継承問題により王権が弱体化して宰相が王国の実権を握り、プネーを中心とする宰相政権を建てた。

▼チャウタ　四分の一を意味する。ジャーギール地の不足のため一定の年給与額にたいして年給与額の削減をはかり、年額の三分の一または四分の一を削減した。

ー側から毎年一〇〇万ルピーをムガル帝国に支払うことを取り決めた。しかし、協定の内容は、実質的にはマラーター側の強さを示すものであった。

第二代宰相、バージー・ラーオ▲のころまでには、ペーシュワーのもとに権限が集中し、宰相を実質的な長(国家元首)とする体制ができあがった。宰相家の根拠地プネーが政府所在地となり、宰相位が世襲化した。各地の諸侯はプネーの宰相政府の監督のもとに文書で連絡をとりながら行政をおこなう体制ができあがった。また、宰相の軍隊に参加する義務を負うこととなっていた。ここにペーシュワーと半独立の勢力をもつ諸侯とのマラーター連合ができあがった。

ムハンマド・シャーの時代にはいって、ベンガル、アワドなど北インド各地の勢力が独立に向けて成長し、マラーターもその支配圏を北インドに伸ばしてきた。第三代宰相、バーラージー・バージー・ラーオ▲の時代、一七五二年、マラーター軍はデリーに入城し、ムガル皇帝を保護するという名目で、デリーの実権を握った。しかし、一七六一年、パーニーパットの戦い(第三次)でアフマド・シャー・ドゥッラーニーのアフガン軍に敗れた。マラーター連合はこれで、完全に崩壊してしまったわけではないが、ペーシュワーの権力は弱まり、北イ

▼バージー・ラーオ(在位一七二〇〜四〇)　優れた軍司令官で、ゲリラ戦法により戦いかつてのムガル帝国領から広い地域を獲得した。マラーター王国領はデカン一帯から北インドにおよぶ広大なものとなった。

▼バーラージー・バージー・ラーオ(在位一七四〇〜六一)　国王シャーフー死後、名目的にも実質的にも、マラーター王国の元首の地位につき、領土も拡大した。

一七七〇年ころのインド

ンドでの影響力を失った。その後、イギリスとの三次にわたる戦争で敗れ、領土を併合された。

イギリスのインド支配

イギリス東インド会社は十七世紀終わりごろになるとインドでの貿易活動ではオランダの会社をぬいた。イギリスは十七世紀末ベンガルでカルカッタを築き、また十七世紀後半にポルトガルから譲られた西インドのボンベイを開発し、十八世紀には一大拠点とした。十七世紀前半に築いた東インドのマドラスは十八世紀にはますます発展した。

これらを三大拠点として、イギリスのインドにおける貿易活動は十八世紀にはいると発展した。同時に、フランス東インド会社もこのころになると、貿易活動を順調に伸ばし、南インドでイギリスの活動と対立するようになってきた。

イギリス人が北インドに領土支配を開始したのは、十八世紀の諸勢力があい争う分裂した状況のもとであった。イギリスは十八世紀に南インドに進出してきたフランス人の勢力と対立した。南部のカーナティックにおいてイギリスとフランスとは、三次にわたって戦争▲をした。カーナティックとは南インドの東ガーツ山脈から東側の広い地域を指す一帯である。

その結果、イギリスが勝ち、南インドにイギリスの覇権を打ち立てた。北インドのベンガル地方においては、一七五七年のプラッシーの戦いで、クライブが率いる軍が現地の勢力に勝利した。その後、一七六五年、イギリス東インド会社は、ベンガル地方での徴税権(ディーワーニー▲)を獲得して、ベンガル、ビハール、オリッサの領有に乗り出した。

ここにイギリスは東インド会社を存続させながら、植民地支配を開始した。イギリス東インド会社は、以後、たんなる貿易会社ではなく、イギリスの植民地支配をおこなう現地の支配機関へと変貌していった。やがてイギリスは、南インドでは、四次にわたるマイソール戦争▲でティプー・スルターン▲を敗死させ、ハイデラーバードを保護国化した。

イギリスは、デカンのマラーター勢力とは、三次にわたるマラーター戦争▲を起こし、マラーター勢力を倒し、イギリスの支配を確立した。こうして、インド全域に勢力を拡大していったのである。十九世紀にはいって、最後の抵抗勢

▼カーナティック戦争(第一次・一七四四〜四八年、第二次・一七五〇〜五四年、第三次・一七五八〜六一年)

▼ディーワーニー　ディーワーンの権限。ムガル帝国の地方支配下で税制、財務を担当した官庁の権限。その権限の獲得は地方の行政支配を意味し、植民地支配を確立したことを意味した。

▼マイソール戦争(第一次・一七六七〜六九年、第二次・一七八〇〜八四年、第三次・一七九〇〜九二年、第四次・一七九八〜九九年)

▼ティプー・スルターン(在位一七八二〜九九)　南インド、マイソール王国の君主。富国強兵策などさまざまな近代化政策をとり、また国際的にフランスなどと同盟をはかった。イギリスとの戦いで敗れた。

▼マラーター戦争(第一次・一七七五〜八二年、第二次・一八〇三〜〇五年、第三次・一八一七〜一八年)

力がパンジャーブのシク王国だけとなった。パンジャーブのシク王国とは二次にわたって戦争▲をして、イギリスの支配を確立した。ここに、イギリスのインドにおける征服戦争はほぼ終わった。

ムガル王家の皇帝は、十八世紀に一時マラーター勢力に擁立されたが、マラーター勢力が北インドから手を引くと、イギリス人の保護の下にはいった。ムガル皇帝はイギリス東インド会社からの年金で生きる存在となったのである。

一八五七年に、イギリス人に雇われた兵士、スィパーヒーは反乱を起こした。そのさい、ムガル皇帝は反乱軍の中心的象徴として擁立された。一八五八年、イギリス軍によって、反乱は鎮圧され、ムガル皇帝は反乱の首謀者として逮捕された。イギリス支配に対する反乱者として最後のムガル皇帝、バーハードゥル・シャー二世▲は現在のミャンマーに流され、一八六二年ラングーンで死んだ。ここに、ムガル王家は滅亡した。

▼**シク戦争**（第一次・一八四五〜四六年、第二次・一八四八〜四九年）

▼**バハードゥル・シャー二世**（在位一八三七〜五八）　ザファル（勝利）と号して数多くの詩を残し、文学史上、名を残している。

参考文献

事典

辛島昇・前田専学他編『南アジアを知る事典』（新訂増補）平凡社　二〇〇二年
板垣雄三・後藤明編『事典　イスラームの都市性』亜紀書房　一九九二年
佐藤次高他編『新イスラム事典』平凡社　二〇〇二年
日本イスラム協会編『岩波イスラーム辞典』岩波書店　二〇〇二年
橋本泰元・宮本久義・山下博司『ヒンドゥー教の事典』東京堂出版　二〇〇五年

歴史

辛島昇編『南アジア史』（新版世界各国史7）山川出版社　二〇〇四年
山崎元一・小西正捷（1巻）・小谷汪之（2巻）・辛島昇（3巻）編『南アジア史1・2・3』（世界歴史大系）山川出版社　二〇〇七年
荒松雄『インドの「奴隷王朝」――中世イスラム王権の成立』未来社　二〇〇六年
荒松雄『中世インドのイスラム遺蹟――探査の記録』岩波書店　二〇〇三年
荒松雄『多重都市デリー――民族、宗教と政治権力』（中公新書）中央公論社　一九九三年
小谷汪之『インドの中世社会』岩波書店　一九八九年
小谷汪之編『インドの不可触民――その歴史と現在』明石書店　一九九七年

近藤治『ムガル朝インド史の研究』京都大学学術出版会　二〇〇三年
佐藤正哲『ムガル期インドの国家と社会』春秋社　一九八二年
佐藤正哲・中里成章・水島司『ムガル帝国から英領インドへ』（世界の歴史14）中央公論社　一九九八年
友杉孝編『アジア都市の諸相――比較都市論にむけて』同文舘出版　一九九九年
内藤雅雄・中村平治編『南アジアの歴史――複合社会の歴史と文化』有斐閣　二〇〇六年
家島彦一『海域から見た歴史――インド洋と地中海を結ぶ交流史』名古屋大学出版会　二〇〇六年
山下博司『ヒンドゥー教とインド社会』（世界史リブレット5）山川出版社　一九九七年
スミット・サルカール（長崎暢子・臼田雅之・中里成章・粟屋利江訳）『新しいインド近代史――下からの歴史の試み』Ⅰ、Ⅱ　研文出版　一九九三年
ゴードン・ジョンソン（小谷汪之他訳）『インド』（図説世界文化地理大百科）朝倉書店　二〇〇一年
サティーシュ・チャンドラ（小名康之・長島弘訳）『中世インドの歴史』山川出版社　一九九九年
ビパン・チャンドラ（粟屋利江訳）『近代インドの歴史』山川出版社　二〇〇一年
デヴィッド・ニコル（桂令夫訳）『インドのムガル帝国軍――一五〇四～一七六一　火器と戦象の王朝史』新紀元社　二〇〇一年

美術

浅原昌明『インドの細密画を訪ねて』上、下　新風舎　二〇〇六年
肥塚隆・宮治昭『インド2』（世界美術大全集、東洋編、第一四巻）小学館　一九九九年

畠中光享『インド宮廷絵画』京都書院　一九九四年
宮治昭『インド美術史』吉川弘文館　一九八一年
山田篤美『ムガル美術の旅』朝日新聞社　一九九七年
メトロポリタン美術館『イスラム』（メトロポリタン美術全集10）福武書店　一九八七年

建築

神谷武夫『インドの建築』東方出版　一九九六年
関口欣也・佐藤正考・片桐正夫編『アジア古建築の諸相――その過去と現状』相模書房　二〇〇五年
深見奈緒子『イスラーム建築の見かた』東京堂出版　二〇〇三年
ユネスコ世界遺産センター『インド亜大陸』（ユネスコ世界遺産第五巻）講談社　一九九七年
アミーナ・オカダ、M・C・ジョシ（中尾ハジメ訳）『タージ・マハル』岩波書店　一九九四年
アンリ・スチールラン（神谷武夫訳）『イスラムの建築文化』原書房　一九八七年
ヴィディヤ・デヘージア（宮治昭、平岡三保子訳）『インド美術』岩波書店　二〇〇二年

図版出典一覧

Alfieri, M., *Islamic Architecture of the Indian Subcontinent,* London, 2000. *58*
Bibliothèque Nationale, *A la cour du Grand Moghol,* Paris, 1986. *63* 下中, 下左
Bose, B., *Delhi, Agra & Jaipur,* Delhi, 1995. *49*
Brand, M. & Lowry, G. D., *Akbar's India: Art from the Mughal City of Victory,* New York, 1986. *61, 70* 右
Daljeet, *Mughal and Deccan Paintings from the Collection of The National Museum,* New Delhi, 1999. *29* 左下
Gascoigne, B., *The Great Moghuls,* New York, 1971. *16, 23, 26, 29* 左, 右上, *59* 右下, 左下
Goel, V., Delhi, *The Emperor's City, Rediscovering Chandni Chowk and its Environs,* New Delhi, 2003. *52, 53*
Grewal, B., *Taj Mahal: A Visitor's Guide,* London, 1986 扉, *60*
Koch, E., *Mughal Architecture, An Outline of Its History and Development (1526-1858),* Munich, 1991. *59* 上, *79*
Rai, R. & Rai, N., *Delhi, Agra, Fetehpur Sikri,* New Delhi, 1989. *47* 右
Robinson, F., *The Mughal Emperors and the Islamic Dynasties of India, Iran and Central Asia,* London, 2007. *27* 左, *63* 中左, 下右
Rogers, J. M., *Mughal Miniatures,* London, 2nd ed. 2006. *63* 上右
Singh, K. & Sen, S. K., *Delhi, Agra, Jaipur, The Golden Triangle,* New Delhi, rev. ed., 1994. *47* 左
Stronge, S., *Painting for the Mughal Emperor, The Art of the Book 1560-1660,* London, 2002. *27* 右
Thackston, W. M., *The Jahangirnama, Memoirs of Jahangir Emperor of India,* New York, 1999. *27* 中
Welch, S. C., *Imperial Mughal Painting,* London, 1978. *63* 上左, 中右, *70* 左
ユニフォトプレス カバー表, 裏

世界史リブレット111

ムガル帝国《ていこく》時代《じだい》のインド社会《しゃかい》

2008年 8 月30日 1版1刷発行
2019年10月31日 1版3刷発行

著者：小名康之《おなやすゆき》

発行者：野澤伸平

装幀者：菊地信義

発行所：株式会社 山川出版社

〒101-0047 東京都千代田区内神田 1 -13-13
電話 03-3293-8131(営業) 8134(編集)
https://www.yamakawa.co.jp/
振替 00120-9-43993

印刷所：明和印刷株式会社

製本所：株式会社 ブロケード

 ISBN978-4-634-34949-0

世界史リブレット 第Ⅲ期［全36巻］

〈白ヌキ数字は既刊〉

93 古代エジプト文明 ―― 近藤二郎
94 東地中海世界のなかの古代ギリシア ―― 岡田泰介
95 中国王朝の起源を探る ―― 竹内康浩
96 中国道教の展開 ―― 横手 裕
97 唐代の国際関係 ―― 石見清裕
98 遊牧国家の誕生 ―― 林 俊雄
99 モンゴル帝国の覇権と朝鮮半島 ―― 森平雅彦
100 ムハンマド時代のアラブ社会 ―― 後藤 明
101 イスラーム史のなかの奴隷 ―― 清水和裕
102 イスラーム社会の知の伝達 ―― 湯川 武
103 スワヒリ都市の盛衰 ―― 富永智津子
104 ビザンツの国家と社会 ―― 根津由喜夫
105 中世のジェントリと社会 ―― 新井由紀夫
106 イタリアの中世都市 ―― 亀長洋子
107 十字軍と地中海世界 ―― 太田敬子
108 徽州商人と明清中国 ―― 中島楽章
109 イエズス会と中国知識人 ―― 岡本さえ
110 朝鮮王朝の国家と財政 ―― 六反田豊
111 ムガル帝国時代のインド社会 ―― 小名康之
112 オスマン帝国治下のアラブ社会 ―― 長谷部史彦
113 バルト海帝国 ―― 古谷大輔
114 近世ヨーロッパ ―― 近藤和彦
115 ピューリタン革命と複合国家 ―― 岩井 淳
116 産業革命 ―― 長谷川貴彦
117 ヨーロッパの家族史 ―― 姫岡とし子
118 国境地域からみるヨーロッパ史 ―― 西山暁義
119 近代都市とアソシエイション ―― 小関 隆
120 ロシアの近代化の試み ―― 吉田 浩
121 アフリカの植民地化と抵抗運動 ―― 岡倉登志
122 メキシコ革命 ―― 国本伊代
123 未完のフィリピン革命と植民地化 ―― 早瀬晋三
124 二十世紀中国の革命と農村 ―― 田原史起
125 ベトナム戦争に抗した人々 ―― 油井大三郎
126 イラク戦争と変貌する中東世界 ―― 保坂修司
127 グローバル・ヒストリー入門 ―― 水島 司
128 世界史における時間 ―― 佐藤正幸